Birgit Ebbert

Reise GESCHICHTEN für Senioren

Mit Bewegungsideen
zum Mitmachen
für Aktivierungsrunden

Verlag an der Ruhr

Impressum

Titel
Reisegeschichten für Senioren
Mit Bewegungsideen zum Mitmachen für Aktivierungsrunden

Autorin
Birgit Ebbert

Titelbildmotiv
© Sergey Peterman | Fotolia.com

Hintergrund im Innenteil
© JWS | Fotolia.com

Druckerei
Media Print Informationstechnologie GmbH, Paderborn, DE

Verlag an der Ruhr
Mülheim an der Ruhr
www.verlagruhr.de

Wichtiger Hinweis:
Die Inhalte im Buch sind von der Autorin mit großer Sorgfalt erarbeitet und ausgewählt worden, stellen jedoch keine therapeutischen Maßnahmen dar. Nehmen Sie dennoch eine genaue Prüfung entsprechend Ihrer Situation vor und wägen verantwortungsvoll ab, welche Bewegungsübungen Sie mit welchen Personen umsetzen. Wenn Unsicherheiten oder bereits bestehende Erkrankungen vorliegen, klären Sie die Anwendung mit der Pflegedienstleitung oder dem behandelnden Arzt ab.
Die Autorin und der Verlag übernehmen weder für die Aktualität, Korrektheit und Vollständigkeit der bereitgestellten Inhalte eine Gewähr noch dafür, dass diese für Ihren individuellen Einzelfall geeignet und ausreichend sind. Alle Inhalte dienen ausschließlich der Information, ebenso wie deren Umsetzung ausschließlich in eigener Verantwortung des Anwenders erfolgt.

ISBN 978-3-8346-4044-4

Inhaltsverzeichnis

Inhaltsverzeichnis

Traumhafte Reiseziele

Regionen in Deutschland

Vorwort

Liebe (Vor-)Leserinnen und Leser,

die meisten Menschen verreisen gerne, um neue Orte und Regionen kennenzulernen, den Alltag hinter sich zu lassen und vielleicht auch, um Abenteuer zu erleben. Gerade außergewöhnliche Reiseerlebnisse prägen sich besonders ein, sodass man sie nicht oft genug erzählen kann.
Mit diesen „Reisegeschichten für Senioren" möchte ich Sie einladen, in der Fantasie zu verreisen und frühere Reiseziele in Erinnerung zu rufen. Und da Reisen auch immer etwas mit Bewegung und Aktivität zu tun hat, habe ich jede Geschichte mit Bewegungsanregungen verknüpft, sodass sie zum Mitmachen einladen. Ich hoffe, dass auch Sie selbst beim Vor- und Selberlesen gerne an vergangene Urlaube und Reisen denken.

Viel Freude beim Lesen und Vorlesen der Geschichten wünscht Ihnen herzlichst

Ihre
Birgit Ebbert

Einführung

Reisen entführen uns in eine andere Welt und irgendwie auch in ein anderes Leben. Wir lernen neue Orte und neue Bräuche kennen, müssen uns auf neue Gewohnheiten einstellen und manchmal sogar mit Hand und Fuß versuchen, uns zu verständigen. Führten vor 50 oder 60 Jahren die Reisen noch eher in nahe gelegene Erholungsgebiete, so eroberten die heutigen Senioren schon bald Städte, Regionen und Strände im europäischen Ausland. Selbst Fernreisen waren bald nichts Ungewöhnliches mehr. „Wenn jemand eine Reise tut, so kann er was erzählen", heißt es bei Matthias Claudius. Sicher waren manche Erzählungen übers Reisen zu seiner Zeit, Mitte des 18. Jahrhunderts, aufregender als heute. Aber auch in den 1950er- und 1960er-Jahren war das Reisen nicht so leicht wie heute. Flüge waren etwas für die Reichen, ein Auto hatte längst nicht jeder und von einem ICE mit einer schnellen Verbindung war noch nicht die Rede. Schon das Unterwegssein an sich hatte großen Wert und nicht selten wurden auch größere Touren mit dem Fahrrad unternommen.

Geschichten über das Reisen können bei Ihren Senioren vielfältige Erinnerungen an eigene Urlaube wecken. Die Auswahl der Reiseziele in diesem Buch ist dabei auf Europa begrenzt. Die Geschichten handeln von Städten, Ländern, Sehenswürdigkeiten und Regionen, die bekannt und beliebt bei der älteren Generation sind. Die Erlebnisse an den Urlaubsorten in den Geschichten können ähnlich auch woanders stattgefunden haben. So können sich alle Zuhörer in den Erzählungen wiederfinden, auch wenn sie das Urlaubsziel selbst noch nicht besucht haben.

Ob Warteschlange oder Mückenstich, interessanter Reiseführer oder gemütliche Ferienwohnung – Reiseerlebnisse teilen sicher alle gerne. Durch die kurzen Beschreibungen der Sehenswürdigkeiten oder Besonderheiten der Reiseziele werden nicht nur Erinnerungen an eigene Erlebnisse, sondern auch an Urlaubserzählungen aus dem Bekanntenkreis oder an Reiseberichte aus den Medien geweckt. Somit wird vermeintlich Vergessenes, insbesondere auch bei Menschen mit Demenz, wachgerufen.

Im **ersten Kapitel** laden die Geschichten zur Erinnerung an Besuche einiger **„Hauptstädte in Europa"** ein – sie handeln von Wien, Prag, Kopenhagen und Brüssel.
Um **„Einzigartige Reiseerlebnisse"** geht es in **Kapitel 2**. Der Besuch der „Bregenzer Festspiele" gehört ebenso dazu wie die Fahrt mit dem Orientexpress oder auf einem Donaukreuzfahrtschiff. Gerade religiöse Senioren erinnern sich gerne an eine Wallfahrt und nicht nur, aber vor allem Männer denken mit Freude zurück an Besuche beim Autorennen.
Viele Menschen wählen ihre Reiseziele nach den Sehenswürdigkeiten aus. So führen die Geschichten des **dritten Kapitels „Berühmte Sehenswürdigkeiten"** zum Eiffelturm in Paris, zur Akropolis in Athen, zum „Tower of London" in England, zum Trevi-Brunnen in Rom und in die Ruinenstadt Pompeji.
Von ganz besonders begehrten Reisezielen erzählt **Kapitel 4 „Traumhafte Reiseziele"**. Die Geschichten handeln von Reisen nach Irland und an den Lago Maggiore, nach Amsterdam und Mallorca.

Da Ihre Senioren sicherlich viel in Deutschland verreist sind, handeln die Geschichten in **Kapitel 5, „Regionen in Deutschland“**, von Reisen an den Bodensee und die Nordsee, nach Bayern und in den Spreewald.
Da Reisen auch bedeutet, in Bewegung zu sein, sind alle Geschichten mit thematisch passenden **Bewegungsanregungen** verbunden. Die **Koordination und Beweglichkeit** wird gefördert und zusätzlich die **Konzentrationsfähigkeit** trainiert, wenn eine bestimme Bewegung an einer passenden Stelle in der Geschichte erfolgen soll. Die Bewegungen können im Sitzen ausgeführt werden. Achten Sie darauf, dass alle Senioren genügend Platz haben, um sich zu bewegen. Die Bewegungsanregungen sind vor der jeweiligen Geschichte erklärt, sodass Sie sich schnell darauf vorbereiten können. Zusätzliche Materialien werden nicht benötigt.
In vielen Geschichten kommen **Signalwörter** vor. Diese kennzeichnen, wenn eine bestimmte Bewegung ausgeführt werden soll. Hilfreich ist es für die Zuhörer, wenn Sie die Gesten vorab einüben, während des Vorlesens selbst mitmachen und die Signalwörter besonders betonen. Selbstverständlich können Sie alle Geschichten auch einfach nur vorlesen, ohne die Bewegungsanregungen umzusetzen.

Am Ende jeder Geschichte finden Sie **Impulsfragen mit biografischem Bezug** für ein gemeinsames Gespräch. Die Fragen sind so formuliert, dass auch Senioren, die die erwähnten Reiseziele nicht besucht haben, einbezogen werden.

Hauptstädte in Europa

Kaiserliche Kutschfahrt

Wien ist eine so vielseitige Stadt, dass wirklich jeder etwas nach seinem Geschmack findet. Jahrmarkt im Prater, Kunst im Schloss Schönbrunn, Kaiser, Könige und Pferde. Für Pferdeliebhaber ist ein Wienbesuch ein Muss. Versetzen Sie Ihre Zuhörer in die Spanische Hofreitschule nach Wien. Zu der Geschichte führen Sie gemeinsam die farbig hervorgehobenen Bewegungen aus.

Irmgard besucht mit ihrer Enkelin Zara Wien. Zara ist eine begeisterte Reiterin. Sie ist zehn Jahre alt. Irmgard findet, dass auch der zehnte Geburtstag als runder Geburtstag gefeiert werden sollte. Deshalb hat sie Zara einen Besuch in der Spanischen Hofreitschule in Wien geschenkt. Dank Irmgards Überredungskünsten und Zaras Lächeln darf Zara hinter die Kulissen der Hofreitschule schauen.
(Daumen und Zeigefinger zu Kreisen formen und als Fernglas vor die Augen halten, den Kopf dabei nach rechts und links bewegen)
„Wenn ich groß bin, werde ich Reiterin", erklärt Zara ihrer Oma. Dabei streichelt sie ein Pferd, das fast doppelt so groß ist wie sie.
„Du kannst dich ja bei uns bewerben", sagt der junge Pferdepfleger, der Zara und Irmgard durch den Stall führt.
„Au ja!" Zara ist Feuer und Flamme. „Ich kann super reiten. Ich habe sogar schon ein Turnier gewonnen."
„Du weißt aber schon, dass wir hier Dressur reiten. Da muss man richtig viel mit den Pferden arbeiten", verrät der Pferdepfleger dem kleinen Mädchen.
„Das macht nichts", meint Zara. „Die Uniformen sind so toll."
Irmgard beobachtet ihre Enkelin und schmunzelt. Pferde sind ihr nicht geheuer. Das waren ihr die großen Tiere mit dem riesigen Kopf noch nie. Trotzdem streichelt

sie einem Tier vorsichtig über die Nüstern. *(eine Hand mit der Innenfläche nach oben halten und mit der anderen darüberstreicheln)*

„Komm, wir wollen doch noch im Prater Riesenrad fahren", drängelt Irmgard nach einer Weile.
„Und Sie müssen unbedingt Fiaker fahren", sagt der Pferdepfleger.
„Was ist ein Fiaker?", erkundigt sich Zara und streichelt weiter das Pferd.
Der Pferdepfleger lacht. „Der Fiaker ist ein Pferdetaxi. Damit kann man sich durch die Stadt fahren lassen."
„Das ist eine gute Idee", findet Irmgard. „Das hatte ich nicht eingeplant, aber dann kann ich doch ein wenig auf den Spuren von Kaiserin Sissi in Wien unterwegs sein."
„Auf jeden Fall, die Fiaker fahren an der Hofburg ab", versichert der Pferdepfleger.
„Dann komm, Zara!", fordert Irmgard ihre Enkelin auf.
Zara streichelt dem Pferd das letzte Mal über die Nüstern. *(eine Hand mit der Innenfläche nach oben halten und mit der anderen darüberstreicheln)*
Dann folgt sie Irmgard. Sie müssen nicht weit gehen, schon stehen da die Pferdekutschen.
„Darf ich vorn mitfahren?", bettelt Zara.
„Frag den Kutscher", antwortet Irmgard. „Von mir aus darfst du das."
Nach kurzem Zögern stimmt der Kutscher zu und Zara thront stolz neben ihm.
„Hüa!", ruft Zara und darf sogar einmal kurz die Zügel halten. *(die Hände, zu Fäusten geballt, auf Brusthöhe halten und abwechselnd auf und ab bewegen)*
Und Irmgard kommt sich ein wenig wie Sissi vor, als sie allein hinten in der Kutsche sitzt. Einmal hebt sie sogar ein wenig die Hand, um das Volk am Straßenrand wie eine Königin zu

grüßen. *(abwechselnd die rechte und linke, flache Hand auf Kopfhöhe leicht bewegen)*
Am Denkmal von Kaiserin Elisabeth hält der Kutscher kurz an. Irmgard schaut sich die Frau auf dem Steinsockel an. Sie sieht ganz anders aus als im Film, aber trotzdem beeindruckend.

Schließlich stehen sie wieder vor der Hofburg. Die Kutschfahrt ist zu Ende, auch wenn Zara gerne eine weitere Runde gefahren wäre.
„Ich möchte jetzt in den Prater", sagt Irmgard bestimmt.
Zara verabschiedet sich von den Pferden, indem sie ihnen über den Kopf streichelt. *(eine Hand mit der Innenfläche nach oben halten und mit der anderen darüberstreicheln)*
Auf dem Weg zum Prater schwärmt sie von der Kutschfahrt.
„Wenn ich groß bin, werde ich Kutscherin!", erklärt sie. „Kutschefahren ist noch toller als reiten."
Oma Irmgard nickt und lächelt. Als sie in Zaras Alter war, wollte sie Schornsteinfegerin werden. Und dann hat sie in einem Waschsalon gearbeitet und die Kleidung der Schornsteinfeger gebügelt. *(die linke Hand flach auf Brusthöhe halten und die rechte Faust wie beim Bügeln darüberbewegen)*

Lassen Sie erzählen ...

- Waren Sie schon einmal in Wien?
  - Was wissen Sie über Wien?
  - Was haben Sie sich dort angeschaut? *(Hofburg, Prater, Spanische Hofreitschule, Hundertwasserhaus, Schloss Belvedere ...)*
  - Wo haben Sie in Wien genächtigt?
  - Welche besonderen Erlebnisse verbinden Sie mit einem Wienbesuch?

- Mit wem sind Sie besonders gerne verreist?
- Welche Beziehung haben Sie zu Pferden?
  - Können Sie reiten? Wenn ja, wann haben Sie das gelernt?
  - Haben Sie einmal ein Pferd besessen?
  - Sind Sie Turniere geritten?

- Welchen Beruf hätten Sie gerne erlernt? Welchen haben Sie dann ausgeübt?

Die goldene Stadt der Erinnerungen

Prag ist eine Stadt zum Sehen und Staunen. Führen Sie gemeinsam mit Ihren Zuhörern die Bewegungen zur Geschichte aus, die sich aus den farbig hervorgehobenen Textstellen ergeben.

„Ach, Kinder, was soll ich denn in Prag?“
Friedrich schüttelt den Kopf über die Idee seiner Familie. *(den Kopf schütteln)*
Sie will ihm zum 85. Geburtstag eine Reise nach Prag schenken. Als junger Mann war Friedrich häufig zu Besuch in Prag. Doch nun, in seinem hohen Alter, ist ihm eine solche Reise zu anstrengend.
„Opa, du wolltest doch immer noch einmal nach Prag!“ Friedrichs Enkelin Amelie wundert sich über seinen Widerspruch. Verärgert stemmt sie die Hände in die Seite. *(Hände in die Seite stemmen und Kopf schütteln)*
„Wir dachten, du würdest dich freuen, wenn wir alle zusammen dorthin reisen.“
„Aber ich kann doch nicht mit euch durch die Stadt bummeln oder die Prager Burg besuchen“, sagt Friedrich.
„Man muss ja nicht alles zu Fuß machen“, findet Sabine, Friedrichs Tochter. Sie hat den Plan mit ihrem Mann Thomas und den Kindern Amelie und Jan ausgeheckt.
„Im Museum kannst du doch Rollstuhl fahren, ich schiebe dich“, verspricht Jan.
Friedrich ist gerührt. „Wir können es ja probieren. Wichtig ist, dass ihr ein Hotel mit einem guten Restaurant auswählt.“ Er zwinkert der Familie zu. „Dann könnt ihr auch mal allein losziehen und ich kann dort ein Bier trinken. Das tschechische Bier ist ja weltbekannt.“

Zwei Wochen später ist es so weit. Friedrich trifft mit Sabine, Thomas, Amelie und Jan in Prag ein.
„Na, das mit dem Restaurant hat ja schon geklappt“, lobt Friedrich die Familie.

Das Restaurant im Hotel ist wirklich einladend. Gleich am ersten Abend essen die fünf dort tschechische Spezialitäten. *(Finger auf die Handfläche klappen, als hielte man Besteck, und vor dem Oberkörper schneiden)*
„Heute kannst du dich noch ausruhen", erklärt Sabine ihrem Vater. „Aber morgen müssen wir früh raus."
„Ach nein", stöhnt Amelie. „Es sind doch Ferien."
„Dann schläfst du am besten jetzt gleich, damit du morgen fit bist", kontert Sabine. „Du weißt doch, was wir vorhaben."
„Was haben wir denn vor?", möchte Friedrich wissen.
„Lass dich überraschen", sagt Thomas. „Aber so viel kann ich dir verraten. Du musst kaum laufen und wirst viel von Prag sehen. Sehr viel."
„Machen wir eine Stadtrundfahrt?", fragt Friedrich. Doch so sehr er auch nachhakt, die Familie schweigt. Sie verrät nicht, welche Überraschung ihn erwartet.

Am nächsten Morgen quetscht sich die ganze Familie in ein Taxi.
Thomas zeigt dem Taxifahrer einen Zettel und erklärt mit Gesten, dass er sie zu dem Ziel bringen soll. *(linke Hand als Zettel flach ausstrecken und wiederholt mit dem rechten Zeigefinger darauf tippen)*
Friedrich versucht, zu erkennen, wohin es geht. Doch die Buchstaben auf dem Zettel haben diese seltsamen tschechischen Akzente. Außer den Namen erkennt er nichts.
Das Taxi ist sehr lange unterwegs. Es bringt die Familie auf ein Industriegelände vor den Toren Prags.
„Was, was ist das denn?", stottert Friedrich, als er aussteigt. Er steht vor einem riesigen Zeppelin und muss den Kopf in den Nacken legen, um ihn anzuschauen.

„Bitte einsteigen und anschnallen!", sagt Sabine. „Und alles Gute zum Geburtstag!" Friedrich kann es nicht fassen. Schon als Kind wollte er einmal mit einem Zeppelin fahren. Aber es fehlte immer das Geld dafür. Schweigend sitzt er die nächsten Stunden auf seinem Fensterplatz und schaut durch ein Fernglas auf die Stadt hinunter. *(Daumen und Zeigefinger zu Kreisen formen und als Fernglas vor die Augen halten, den Kopf dabei nach rechts und links bewegen)*
Er sieht die Prager Burg und den Veitsdom, die Moldau, die sich wie ein blaues Band durch die Stadt zieht, die Karlsbrücke und Josefsstadt. „Wenn ich hier oben sitze, ist es so, als schaute ich auf meine Jugend", sagt Friedrich zu seiner Familie. Immer wieder deutet er mit dem Finger auf einzelne Gebäude und erzählt, was er dort erlebt und wen er kennengelernt hat. „Das war das schönste Geschenk meines Lebens", freut Friedrich sich am Abend im Hotel. „Ein Glück, dass ich mich zu dieser Reise habe überreden lassen."
Sabine, Thomas, Amelie und Jan lächeln und heben das Glas, um mit Friedrich auf seinen Geburtstag und die Reise anzustoßen. *(sich gegenseitig zuprosten)*

Lassen Sie erzählen ...

- Waren Sie schon einmal in Prag?
  - Was haben Sie dort erlebt?
  - Welche Sehenswürdigkeiten haben Sie besichtigt? *(Karlsbrücke, Prager Burg, Prager Pulverturm, Josefsstadt)*
  - Wie haben Sie die Stadt erkundet? *(zu Fuß, im Bus, mit einem Auto)*

- Welche Orte Ihrer Jugend haben Sie später im Leben noch einmal besucht?
  - Was war das Besondere an diesen Orten?
  - Wie haben Sie die Reise geplant?
  - Wer hat Sie auf der Reise begleitet?
  - Sind Sie schon einmal mit einem außergewöhnlichen Gefährt gefahren? *(Zeppelin, Heißluftballon, Rikscha, Kutsche, Schlitten ...)*
  - Wie war die Fahrt?
  - Was haben Sie von dort aus gesehen?
  - Verbinden Sie damit besondere Erlebnisse?

- An welche besonderen Speisen, die Sie auf Reisen gegessen haben, erinnern Sie sich noch?
  - Haben Sie sie später erneut gegessen?
  - Haben Sie sie vielleicht sogar selbst nachgekocht?

Schwanensee

Eine beliebte Attraktion in Kopenhagen ist das Ballett im Königlichen Theater. Die Aufführungen sind weit im Voraus ausverkauft. In der folgenden Geschichte wird „Schwanensee“ aufgeführt. Breiten Sie gemeinsam mit Ihren Zuhörern bei jeder Erwähnung des farbig hervorgehobenen Signalwortes „**Schwanensee**“ die Arme aus und bewegen Sie sie wie Flügel. Und wer mag, kann natürlich wie Romina in der Geschichte noch die Beine und Füße zum „Spitzentanz“ ausstrecken.

Cornelia, Romina und Edeltraud stehen an der Rezeption ihres Hotels in Kopenhagen. „Wir haben schon so viel gesehen“, erzählt Edeltraud der Frau hinter dem Tresen. „Die kleine Meerjungfrau hatte ich mir ja viel größer vorgestellt.“
„Das wissen wir doch. Nun lass die Frau in Ruhe nach Karten für **Schwanensee** recherchieren“, mischt sich Romina ein.
Edeltraud geht beleidigt ein paar Schritte zur Seite.
„Ist ja schon gut“, murmelt sie ungehalten.
„So hart hättest du auch nicht sein müssen“, weist Cornelia Romina zurecht. „Edeltraud war eben noch nie in Kopenhagen und ist deshalb so begeistert.“
„Das verstehe ich ja. Aber jetzt möchte ich Karten fürs Ballett. Darauf habe ich mich die ganze Zeit gefreut“, entgegnet Romina. „Als ich vor 20 Jahren hier war, gab es immer kurzfristig Karten.“
Cornelia seufzt. Eine Freundin wiederholt ständig ihre Begeisterung über die Stadt. Die andere schwärmt vom Ballettbesuch von vor 20 Jahren. Die nächste Städtereise unternimmt sie auf jeden Fall allein.
„Sie haben Glück“, unterbricht die Frau an der Rezeption Cornelias Gedanken. „Ich war

gerade im System, als drei Karten storniert wurden. Die habe ich gleich für Sie reserviert. So können Sie heute Abend **Schwanensee** genießen."

Romina strahlt. Edeltraud rückt näher und Cornelia ist froh, dass der Streit vergessen ist.

Wenige Stunden später sitzen die drei Frauen in der zweiten Reihe im Opernhaus.

„Puh, so dicht an der Bühne sitze ich nicht gerne", nörgelt Edeltraud leise.

Cornelia, die zwischen Romina und Edeltraud sitzt, zischt ihr zu: „Pssst!"

Romina auf der anderen Seite bemerkt: „Eigentlich habe ich **Schwanensee** ja schon oft gesehen, mir wäre ein neueres Stück lieber gewesen."

Ehe Cornelia antworten kann, stehen alle Zuschauer um sie herum auf und klatschen. Auf der Bühne ist noch nichts zu sehen. Beginnt das Stück etwa hinter ihnen? Cornelia steht ebenfalls auf. Sie dreht sich um.

„Die Königin sieht wieder gut aus", wispert jemand hinter Cornelia. Beeindruckt schaut sie in die Richtung, in die alle blicken. Das also ist die Königin von Dänemark in der Loge dort oben!

Auf der Bühne erklingt Musik der Ouvertüre von **Schwanensee** und das Ballett beginnt. Cornelia versinkt in den Anblick der Tänzerinnen am **Schwanensee**. Edeltraud hat sich mit dem Platz in der zweiten Reihe abgefunden. Nur Romina ist erstaunlich schweigsam. Nachdem Romina auch beim ersten Szenenapplaus still bleibt, blickt Cornelia zur Seite.

Da sitzt Romina mit ausgestreckten Beinen, die Fußspitzen nach unten. Ihre Arme sind angewinkelt und bewegen sich wellenförmig.
„Was machst du da?“, flüstert Cornelia in das letzte Klatschen hinein.
„Nichts!“, antwortet Romina und wedelt weiter mit ihren Armen, als wollte sie gleich zum Start ansetzen.

„Was hast du die ganze Zeit gemacht?“, will Cornelia in der Pause wissen.
„Ich habe mitgetanzt“, antwortet Romina. „Als junges Mädchen war ich im Ballett und durfte einmal sogar die Odette aus **Schwanensee** tanzen.“
„Tatsächlich?“ Edeltraud ist beeindruckt. „Das wusste ich nicht.“
„Das ist mir auch neu“, bemerkt Cornelia. „Aber trotzdem wäre es schön, wenn du bei der Vorstellung etwas weniger tanzen würdest.“
Romina nickt. „Das ist eine gute Idee.“ Sie beugt sich zu den beiden vor. „Wenn ich ehrlich bin, sind meine Füße und Ellbogen auch schon eingeschlafen.“
Cornelia schmunzelt. „Na, solange du nicht einschläfst!“
Einträchtig begeben sich die drei Frauen auf ihre Plätze. Zufrieden verfolgen sie das Ende ihres Kopenhagen-Höhepunkts, die Aufführung von **Schwanensee**.

Lassen Sie erzählen ...

- Was verbinden Sie mit Kopenhagen oder Dänemark?
  - Haben Sie dort einen Urlaub verbracht?
  - Leben oder lebten Sie gar an der Grenze zu Dänemark?
  - Haben Sie dänische Wurzeln?

- Wenn Sie schon einmal in Kopenhagen oder Dänemark waren, was hat Ihnen besonders gut gefallen?
- Erinnern Sie sich an das Denkmal der kleinen Meerjungfrau? Wie sieht es aus? Was wissen Sie über die Geschichte der kleinen Meerjungfrau?
- Waren Sie auf einer Reise im Theater vor Ort?
  - Was haben Sie angesehen?
  - Haben Sie das Stück zufällig ausgewählt oder sind Sie wegen des Stückes dort hingefahren?

- Haben Sie auf einer Reise den König oder die Königin des Landes gesehen?
  - Wo war das? *(Großbritannien, Dänemark, Schweden, Niederlande, Belgien, Norwegen ...)*
  - Bei welcher Gelegenheit haben Sie sie gesehen?
  - Verbinden Sie eine besondere Erinnerung damit?

Im Schokoladenmuseum

In Brüssel gibt es nicht nur viel zu sehen, sondern im Chocolate Village, dem Schokoladenmuseum, auch viel zu naschen. Laden Sie Ihre Zuhörer zu einer imaginären Pralinenverkostung ein. Zu den farbig hervorgehobenen Signalwörtern führen Sie gemeinsam die folgenden Bewegungen aus:

- **Schokolade:** rechten Arm über den Kopf strecken
- **Praline:** linken Arm über den Kopf strecken

„Meine sehr verehrten Damen und Herren, wir legen nun am Chocolate Village, dem belgischen **Schokoladen**museum, eine Pause ein", verkündet die Reiseleiterin in der blauen Uniform den Teilnehmern ihrer Stadtrundfahrt.
„Och nee, nicht **Schokolade**", stöhnt Zacharias. „Hey, Sie, gibt es auch eine Stadt des Bieres oder Schnapses?", ruft er von der vorletzten Sitzreihe im Bus nach vorn.
Die Reiseleiterin lächelt. „Haben Sie schon einmal vom berühmten belgischen Bier gehört? Belgische **Pralinen** kennt jeder, oder?"
Da kann Zacharias nicht widersprechen. Was sicher besser ist, denn seine Frau Charlotte zupft bereits mahnend an seinem blauen Hemdärmel.
„Sei still!", zischt sie ihm zu.

Zacharias bleibt nichts anderes übrig, als hinter Charlotte das Museum zu betreten. Gleich am Eingang wird den Besuchern ein Tablett mit **Pralinen** gereicht.
„Eine **Praline**, mein Herr?", fragt eine junge Frau. Das lässt Zacharias sich nicht 2-mal sagen. Hat er gerade noch über die Schokolade gemeckert, nimmt er jetzt gleich zwei **Pralinen**.
Zacharias ist froh, dass die Reiseleiterin mit ihrer Führung durch das Museum beginnt.

Und an jeder Ecke gibt es die Möglichkeit, eine **Praline** zu naschen.
„**Schokolade** ist besser, als ich dachte", flüstert er seiner Frau mit vollem Mund zu.

Als sie den Ausgang erreichen, stöhnt er: „Oh, mir ist schlecht von der ganzen **Schokolade**!"
„Was musst du auch wie ein kleines Kind die **Pralinen** in dich hineinstopfen", schimpft Charlotte. „Nun sieh zu, wie du damit fertig wirst."
Wenn das so leicht wäre. Bei dem Gedanken an die Busfahrt wird Zacharias noch übler, als ihm eh schon ist.
„Mir wird beim Busfahren immer schlecht", sagt er der Reiseleiterin. „Haben Sie etwas gegen Reisekrankheit?"
„Na, bisher ist das gar nicht aufgefallen, dass Ihnen die Busfahrt nicht bekommt", stellt die Reiseleiterin fest. Dann lacht sie. „Kann es sein, dass Sie eine **Praline** zu viel probiert haben?"
Kleinlaut nickt Zacharias. „Ich bin eben nur Wein- oder Bierproben gewohnt. Da weiß ich, wann ich aufhören muss."
Die Reiseleiterin schmunzelt. „Jaja! Aber das geht manchen Besuchern so." Sie zwinkert Zacharias zu. „Eigentlich nur den Männern."
Dann zieht sie aus ihrer Umhängetasche eine kleine Flasche Magenbitter. „Nehmen Sie das, das hat bisher immer geholfen."
Zacharias grinst. „So komme ich wenigstens noch zu einer Schnapsprobe."

Lassen Sie erzählen ...

- Was verbinden Sie mit Brüssel und Belgien?
  - EU-Parlament?
  - belgische Pralinen?
  - Atomium?
  - Manneken Pis?
  - ...?

- Waren Sie schon einmal in Brüssel? Welche besonderen Erlebnisse fallen Ihnen ein?
- Erinnern Sie sich an eine Busreise, an der Sie teilgenommen haben?
  - Wohin führte die Reise?
  - Waren Sie allein oder mit anderen unterwegs?
  - Gab es eine Reiseleitung? Worum hat sie sich gekümmert?

- Welche Museen haben Sie bei Ihren Reisen besucht?
- Haben Sie an einer Genussprobe teilgenommen? Wenn ja, was haben Sie gekostet?
  - Wein?
  - Whiskey?
  - Bier?
  - Schokolade?
  - Käse?

Einzigartige Reiseerlebnisse

Nicht ohne Hut

Bei den Bregenzer Festspielen bieten sich den Besuchern besondere Attraktionen: Musiktheater, Konzerte und Schauspiel auf der Seebühne mit dem Bodensee als Kulisse. Dafür sollte man sich festlich anziehen. Vielleicht trägt die Dame sogar Hut und der Herr Fliege. Zu den farbig hervorgehobenen Signalwörtern führen Sie gemeinsam mit Ihren Zuhörern die folgenden Bewegungen aus:

- **Hut:** mit der rechten Hand im großen Bogen auf den Kopf fassen
- **Fliege:** mit beiden Händen vor dem Hals eine imaginäre Fliege zurechtzupfen

Tipp: Die Frauen bewegen sich nur zum Signalwort „Hut“, die Männer nur zum Signalwort „Fliege“.

„Wirklich, Tante Ernestine, der Besuch der Oper auf einer Freilichtbühne ist auch ohne **Hut** möglich!“ Ernestines Neffe Nico versucht, seine Tante davon abzubringen, zur Aufführung der Oper „Carmen“ auf der Seebühne in Bregenz einen **Hut** zu tragen. Nicht irgendeinen winzigen **Hut**, sondern ein Ungetüm von einem halben Meter Durchmesser. Mit einer Feder, die in der Luft wedelt, und vielen künstlichen Blumen, die rechts und links von der Krempe abstehen.

„Seit der Silberhochzeit in Ascot hatte ich keine Gelegenheit mehr, diesen **Hut** zu tragen“, widerspricht Ernestine.
„Die Silberhochzeit ist über 20 Jahre her“, kontert Nico und schiebt die **Fliege** zurecht, die er zum Freizeithemd trägt. „Der **Hut** ist total unmodern!“
„Nico!“, ertönt Ernestines Stimme schrill. „Erstens ist mein **Hut** nicht unmodern und zweitens hat mein **Hut** Klasse.“ Sie schnaubt vor Wut.

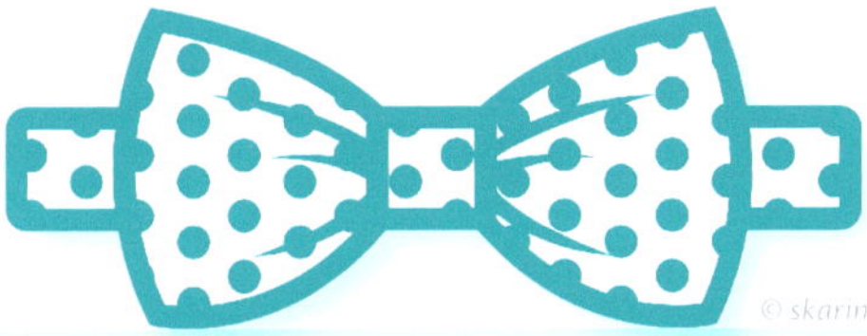

„Er nimmt den Leuten, die hinter dir sitzen, die Sicht!“, erklärt Nico. „Und wer neben dir sitzt, wird von diesen komischen Stoffblüten getroffen.“
Jetzt ist Ernestine richtig beleidigt. „Ich bereue es zutiefst, dass ich dich mitgenommen habe. Da wäre ja Rudolf besser gewesen. Er wäre zwar bei der Aufführung eingeschlafen, aber er hätte mich nicht so behandelt.“
„Tante Ernestine, Onkel Rudolf ist krank und konnte nicht mitkommen“, antwortet Nico. „Ich habe mir extra Urlaub genommen, um dich zu begleiten. Und trage sogar Rudolfs **Fliege**. Das mache ich alles gerne, aber dieser **Hut** ist peinlich!“

Noch im Taxi auf dem Weg zur Seebühne versucht Nico, seiner Tante den **Hut** auszureden. Ohne Erfolg.
Als sie vor der Bühne ankommen, bemerkt Ernestine als Erstes: „Tss, die Leute kleiden sich heute einfach nicht mehr angemessen.“
Nico schmunzelt. Ein Großteil des Publikums ist wie er in Jeans und Freizeithemd gekommen. Manche Männer tragen Anzug mit Krawatte oder **Fliege** und einige Frauen schicke Sommerkleider. Eine weitere Frau mit **Hut** ist nirgends zu sehen.
„Gut, dass ich mich passend angezogen habe“, meint Ernestine und presst die Lippen zusammen.
Schnell stolziert sie zu den Plätzen in der Mitte der dritten Reihe.
Kaum sitzt sie, da klopft von hinten jemand auf ihre Schulter. „Entschuldigung, könnten Sie Ihren **Hut** abnehmen? Wir sehen sonst nichts.“
Ernestine presst die Lippen stärker aufeinander. „Kulturbanausen“, quetscht sie verächtlich hervor.
Nico nestelt verlegen an seiner **Fliege** und sieht das Paar hinter ihnen entschuldigend an. Sagen kann er nichts mehr, weil die Musik beginnt.

Ernestine schaut sich vorsichtig um. Weit und breit ist sie die einzige Frau mit einem **Hut**. Vielleicht hätte sie doch auf Nico hören sollen.
Ihr Blick geht zur Bühne. Sie versucht, die Darsteller zu erkennen, doch der Kopf des Mannes vor ihr ist im Weg. Fast scheint es ihr so, als mache er sich extra groß, um ihr die Sicht zu versperren.
„Tante Ernestine, bleib doch endlich still sitzen“, flüstert Nico beim ersten Applaus.
„Ich kann nichts sehen!“, zischt Ernestine ihrem Neffen zu.
„Wir auch nicht“, zischt es von hinten.
Der Mann vor Ernestine dreht sich zu ihr um und sieht sie an. Dann rutscht er ein wenig nach unten. „So besser, Madame?“, fragt er.
Ernestine wird rot. Sie ist froh, dass der **Hut** ihre Röte verdeckt. Aber sie ärgert sich auch über den **Hut** auf ihrem Kopf. Nico zupft verlegen an seiner **Fliege**.

„In der Pause nehme ich ihn ab“, nimmt sie sich vor. Doch dazu kommt es nicht mehr. Während die Sängerin auf der Bühne singt, kommt ein Wind auf und eine Böe verfängt sich in Ernestines **Hut**. Der **Hut** wird ein paar Meter zur Seite getrieben und bleibt auf dem Boden liegen.
„Danke, Wind!“, murmelt der Mann hinter Ernestine.
Nico grinst und Ernestine ist erleichtert, auch wenn sie das niemals zugeben würde. Den **Hut** kann sie in der Pause einsammeln, nun genießt sie die Aufführung ohne schiefe Blicke und kritische Bemerkungen.

Lassen Sie erzählen ...

- Haben Sie schon einmal Kulturfestspiele besucht? Welche waren das?
  - Bregenzer Festspiele auf der Seebühne?
  - Bayreuther Festspiele?
  - Ruhrtriennale?
  - ...

- Waren Sie schon einmal in Bregenz oder woanders in Österreich?
  - Was haben Sie sich angeschaut?
  - Wie sind Sie gereist?
  - Was hat Ihnen besonders gut gefallen?

- Ist Ihnen das auch schon passiert, dass Sie sich völlig falsch gekleidet fühlten? Wie haben Sie die Situation gemeistert?
- Haben Sie selbst einmal auf der Bühne gestanden?
  - Als beruflicher Schauspieler?
  - In einem Laienstück?
  - Beim Karneval?
  - Bei einem bunten Abend?
  - ...

Einmal Star sein

Bei einer Donaukreuzfahrt kann man in wenigen Tagen zehn europäische Länder durchqueren und auf Landausflügen ihre Besonderheiten kennenlernen. Eine solche Reise lädt natürlich dazu ein, Fotos zu machen. Ermuntern Sie Ihre Zuhörer, während der Geschichte imaginäre Fotos zu schießen: **beide Hände zu einem Rechteck vors Gesicht halten und den Zeigefinger herunterdrücken, um auszulösen**. Der Oberkörper bewegt sich dabei in verschiedene Richtungen – nach rechts, nach links, nach unten, nach hinten. Das farbig hervorgehobene Signalwort „**Foto**“ kennzeichnet Situationen, in denen sich Fotoaufnahmen anbieten. Da aber jeder anders fotografiert, dürfen Ihre Zuhörer jederzeit knipsen.

„Herzlich willkommen an Bord der ‚MS Blaue Donau‘“, begrüßt ein junger Mann in Livree Renate und Irmgard. **(Foto)**
„Guten Tag“, grüßt Irmgard und streckt ihre Hand aus. Doch der junge Mann nimmt bereits die nächsten Passagiere in Empfang.
„Er hätte mir wohl die Hand geben können, immerhin habe ich die Kreuzfahrt gewonnen!“ Irmgard ist ungehalten, so hat sie sich ihren Aufenthalt hier nicht vorgestellt.
„Mama, du hast bei einem Preisausschreiben gewonnen“, erinnert Renate ihre Mutter. „Du hast den Preis nicht für deine tolle Häkeldecke oder ein schönes Foto bekommen. Warum sollen sie dich anders behandeln als andere?“
Das leuchtet Irmgard ja ein. Aber sie wäre so gerne einmal ein Star. Davon träumt sie seit ihrer Kindheit. Sie seufzt.

„Oh, geht es Ihnen nicht gut?“, erkundigt sich der ältere Mann an der Rezeption, als er Irmgards Seufzen hört. „Können wir etwas für Sie tun?“

„Ach, es ist nichts." Irmgard lächelt. „Mein Name ist Irmgard Kreuder, ich habe die Donaukreuzfahrt gewonnen."
„Herzlichen Glückwunsch", sagt der Steward. „Hier sind Ihre Papiere. Und dann hätten wir noch eine Bitte an Sie." **(Foto)**
Irmgard fragt verwundert: „Ja, was denn?"
„Wir gestalten zu jeder Reise ein Buch mit einem Foto von jedem Reisetag", erklärt der Steward. „Normalerweise wählen meine Kollegen und ich das Tagesfoto aus. Als Gewinnerin des Preisausschreibens dürfen Sie die Auswahl treffen."
Irmgard weiß nicht, was sie sagen soll. „Ja, das ist schön", stammelt sie schließlich. Der Steward erklärt ihr, wie das Ganze abläuft.
„Siehst du, jetzt wirst du doch wie ein Star behandelt", bemerkt Renate auf dem Weg zur Kabine. **(Foto)**
Irmgard nickt. „Hoffentlich mache ich alles richtig", sorgt sie sich.
Noch am gleichen Abend wird Irmgard den Reisenden als besonderer Gast vorgestellt, der die Fotos für das Erinnerungsalbum auswählen darf. **(Foto)**
Die anderen Passagiere applaudieren.
„Wenn Sie Hilfe brauchen, sprechen Sie mich gerne an", sagt Irmgards Tischnachbarin. „Ich kenne mich damit aus. Mir macht es auch nichts, wenn ich auf einem der Fotos bin, die Sie auswählen."

Diesen Satz hört Irmgard in den nächsten Tagen immer wieder. Ob sie in Wien im „Sacher" eine Torte isst **(Foto)** oder in Kalocsa die Paprika-Plantagen besichtigt **(Foto)**, ob sie zur Musik der serbischen Tanzgruppe wippt **(Foto)** oder das Eiserne Tor bestaunt **(Foto)**. Wo auch immer Irmgard ist, spricht sie jemand an: „Mir macht es nichts aus, auf dem Tagesfoto zu sein. Wählen Sie ruhig ein Bild, auf dem ich zu sehen bin."

Am Ende wählt Irmgard die Bilder mit geschlossenen Augen aus oder sie zieht wie beim Zauberer eine Karte aus dem Stapel.
(Foto)
„Können die Leute mich nicht in Ruhe lassen?“, beklagt sie sich bei ihrer Tochter.
Renate zieht die Schultern hoch. „Du wolltest doch ein Star sein. Jetzt bist du einer, wenn auch nur hier auf dem Schiff.“
„Wenn das den echten Stars den ganzen Tag so geht, dann verzichte ich gerne“, stellt Irmgard fest.
Dabei zieht sie mit geschlossenen Augen ein Bild aus dem letzten Fotostapel der Reise.
(Foto)
Am nächsten Tag wird das Schiff in Passau anlegen. **(Foto)**

Irmgard kann es kaum erwarten, den Tag ohne dezente oder offene Hinweise auf das Foto zu genießen.

Lassen Sie erzählen ...

- Was fällt Ihnen ein, wenn Sie von einer Kreuzfahrt hören?
  - Eine eigene Kreuzfahrt?
  - Die Fernsehserie „Das Traumschiff“?
  - Die Arbeit auf einem Kreuzfahrtschiff?
  - ...

- Haben Sie schon eine Kreuzfahrt gemacht?
  - Mit welchem Schiff?
  - Welche Route haben Sie gewählt?
  - Gab es ein besonderes Ereignis während der Reise?

- Haben Sie schon im Osten Europas Urlaub gemacht? Welche Ziele haben Sie bereist? *(Ungarn, Rumänien, Serbien, Bulgarien ...)*
- Wären Sie auch gerne ein Star?
  - Was würde Ihnen daran gefallen?
  - Mit welchen Schattenseiten rechnen Sie?

- Welche Fotomotive interessieren Sie auf Reisen besonders?

Geweihtes Wasser

Viele ältere Menschen habe eine Wallfahrt gemacht und hüten eine Karaffe mit geweihtem Wasser wie einen Schatz. Zu den farbig hervorgehobenen Signalwörtern führen Sie gemeinsam mit Ihren Zuhörern folgende Bewegungen aus:

- **Lourdes-Wasser:** die Finger wie bei einem Regenfall von Kopf bis Hüfte herabführen
- **Krug:** mit beiden Händen in der Luft einen Kreis formen

Sorgfältig staubt Gerlinde den kleinen, blauen **Krug** aus Steingut ab. Er enthält **Wasser aus Lourdes**. Sie hat es vor über 50 Jahren von einer Reise mitgebracht.
„Wenn ich es recht bedenke, hast du mir Glück gebracht", sagt Gerlinde zu dem kleinen **Krug.** Dabei streicht sie mit ihren Fingern über das Gefäß. Sie spürt die feine Maserung des Steinguts.
In dem Augenblick fliegt die Zimmertür auf und Gerlindes Bruder Karl tritt ein.
Gerlinde zuckt zusammen. Der **Krug** entgleitet ihren Händen und fällt zu Boden.
Gerlinde starrt auf die Pfütze, die sich zwischen ihren Füßen ausbreitet. Ein Kloß steckt ihr im Hals. Sie kann nicht einmal mit Karl schimpfen.
„Mein **Lourdes-Wasser**", stammelt sie schließlich. Tränen laufen ihr über die Wangen. „Über 50 Jahre habe ich es aufbewahrt." Nun wird sie doch zornig und beschimpft ihren Bruder. „Wieso stürzt du auch einfach hier herein? Du bist ja schlimmer als ein Kind!"

Karl hat sich von dem Schreck erholt. „Stell dir vor, ich habe im Lotto gewonnen: 10 000 Euro. Davon kann ich uns tolle Fahrräder kaufen. Außerdem ist der **Krug** doch heil geblieben. Ich weiß gar nicht, was du willst."
„Das wird wohl das letzte Glück in diesem Jahr gewesen sein", meinte Gerlinde düster. „Nachdem das **Lourdes-Wasser** weg ist."

Karl sieht seine Schwester an. Noch immer laufen dicke Tränen über ihre Wangen.
„Weißt du was? Wir fahren nach Lourdes und holen neues Wasser!“, schlägt er vor.
Gerlinde seufzt. „Das ist nichts mehr für mich.“
„Ach was!“ Karl ist Feuer und Flamme für seine Idee. „Ich kümmere mich sofort darum!“

Zwei Wochen später sitzen Gerlinde und Karl im Zug nach Lourdes.
Gerlinde berichtet von ihrer ersten Reise nach Lourdes und davon, wie sie das **Lourdes-Wasser** in den **Krug** abgefüllt hat. „Die meiste Zeit sind wir gelaufen. Und zwischendurch mit dem Zug mit Holzbänken gefahren.“
Sie klopft auf die Polster. „So weiche Sitze gab es damals noch nicht.“
Der Zug bringt sie direkt bis Lourdes.
„Die letzten Meter gehen wir aber zu Fuß“, bestimmt Gerlinde.

Karl stöhnt. Da hat er sich etwas eingebrockt. Seit seinem Zusammenstoß mit dem **Lourdes-Wasser-Krug** macht er Türen nur noch sehr vorsichtig auf.
Die beiden gehen den angezeigten Weg zur Grotte in Lourdes, in der die heilige Bernadette Maria, die Mutter Gottes, erschienen sein soll.
„Entschuldigung, darf ich mal vorbei“, bittet Gerlinde ein Paar auf dem Weg.
„Wohin wollen Sie?“, erkundigt sich der Mann.
„Zur Grotte“, antwortet Gerlinde und will sich mit ihrem **Krug** in der Hand an dem Mann vorbeischieben.
„Dann bleiben Sie schön hier“, erklärt der Mann Gerlinde. „Wir sind das Ende der Schlange. Wir wollen alle die Grotte sehen.“
Gerlinde kann das nicht glauben. „Früher war hier kaum etwas los.“
„Da konnte man das **Lourdes-Wasser** wohl auch noch selbst abfüllen, was?“, entgegnet der Mann höhnisch.

„Natürlich?“ Gerlinde wundert sich über diesen ungehobelten, ahnungslosen Mann. „Haha“, lacht der Mann. „Das geht doch schon lange nicht mehr. Da vorn können Sie Plastikflaschen mit **Lourdes-Wasser** kaufen.“ Gerlinde sieht ihren Bruder an. „Hast du das gehört! Man darf das Wasser nicht selbst abfüllen.“

Sie betrachtet den kleinen Steingut-**Krug** auf. Dann geht sie entschlossen zu dem Stand mit den Plastikflaschen.
„Ich möchte eine Füllung **Lourdes-Wasser**“, erklärt sie dem Verkäufer.
Zum Glück versteht der Verkäufer ihre Handbewegungen richtig. Er stellt kurzerhand ein Fass mit Wasser auf den Tisch und füllt daraus Gerlindes **Krug** auf.
Zufrieden nimmt Gerlinde den **Krug** entgegen. „Jetzt können wir wieder nach Hause fahren“, erklärt sie ihrem staunenden Bruder. „Schlange stehen können wir auch auf dem Markt.“
So machen sich die Geschwister auf den Heimweg, ohne dass einer von ihnen die Grotte in Lourdes gesehen hat.

Lassen Sie erzählen …

- Haben Sie einmal an einer Wallfahrt teilgenommen?
  - Wohin führte die Wallfahrt? *(Kevelaer, Gerleve, Altötting, Neviges, Lourdes …)*
  - Wie verlief die Wallfahrt? Sind Sie gefahren oder gegangen? Wurde gebetet, gesungen oder geschwiegen?
  - Wer hat die Wallfahrt organisiert?

- Waren Sie an einer Quelle, aus der man Heilwasser oder heiliges Wasser schöpfen konnte? An welcher?
  - Einer Quelle an einem Wallfahrtsort?
  - Einer Saline in einem Kurort?
  - Einer Quelle in einer Abfüllung für Mineralwasser?

- Ist eines Ihrer besonderen Erinnerungsstücke kaputt- oder verlorengegangen? Woran erinnerte es Sie?
- Was war die längste Wanderung, die Sie jemals am Stück unternommen haben?
- Haben Sie einmal im Lotto gewonnen? Was haben Sie mit dem Geld gemacht?

Wackelige Zugfahrt

Oh nein, gemordet wird bei unserer Reise im Orientexpress, wie im Roman von Agatha Christie, nicht. Aber es ist mitunter recht wackelig, wenn der Zug die historische Strecke fährt. Da ist es gut, wenn man sich abstützt. Bei den farbig hervorgehobenen Textpassagen gerät der Zug ins Wackeln. Bitten Sie Ihre Zuhörer, das Gleichgewicht zu bewahren, indem sie **die Arme zur Seite ausstrecken, die Hände anwinkeln und kurz die Spannung in Armen und Händen halten**.

Adele ist 17 Jahre alt, als sie das erste Mal diesen Zug betritt: den Orientexpress.
„Das ist ja gar kein Zug, das ist eine kleine Villa“, bemerkt sie und erntet ein amüsiertes Lächeln ihrer Madame.
„Aber Schätzchen, das wäre eine sehr kleine Villa“, sagt Madame Berger in einem herablassenden Ton. „So beengt kann doch niemand wohnen.“
Der Zug ruckelt und Adele und Madame Berger suchen Halt an den Wänden des Abteils.
„Wie gut, dass die Zugvilla so klein ist, da können wir uns gut festhalten, was?“, meint Adele. Sie bemüht sich, den spöttischen Tonfall zu unterdrücken. Ihre Herrschaft ist so. Von oben herab, wenn es eine Gelegenheit dazu gibt.
Adele schweigt in solchen Momenten. Warum soll sie mit ihrer Herrschaft streiten? Immerhin ermöglicht sie ihr solche Reisen.
Der Zug ruckelt und wirft Adele gegen die Wand. Sie stützt sich ab und bemerkt den Reiseplan.
„Ach, gerne würde ich in Straßburg aussteigen, meine Eltern besuchen und wieder einmal das Straßburger Münster besichtigen“, sagt Adele wehmütig.
„Vielleicht auf der Rückfahrt“, verspricht Madame Berger. „Zuerst müssen wir nach

Wien. Ich muss dort eine Hochzeit besuchen."

Adele zieht die Augenbrauen zusammen. „Wieso *müssen* Sie die Hochzeit besuchen? Hochzeiten sind doch schön!"

Automatisch stützt sie sich ab, als der Zug in einer lang gestreckten Kurve plötzlich ruckelt. Madame Berger kommt nicht mehr zum Antworten. Sie fasst sich an den Bauch, wird blass und spuckt in die Waschschüssel auf der Frisierkommode.

„Was ist los?", fragt Adele panisch. Hoffentlich hat ihre Herrschaft sich den Magen nicht an einer Speise verdorben, die sie zubereitet hat.

„Es ist alles gut", antwortet Madame Berger schwach **und stützt sich an der Wand ab**. „Mir ist nur ein wenig schlecht."

„Oh, der Dame ist schlecht? Wie lange dauert's denn noch?", fragt ein Mann mit Gehstock und Zylinder, der an der offenen Kabinentür vorbeikommt.

Adele ist irritiert. Den Mann geht es nichts an, wie lange ihrer Herrschaft schlecht ist. „Kennen Sie den?", erkundigt sie sich bei Madame Berger, um diese auf andere Gedanken zu bringen.

„Nie gesehen", versichert Madame Berger. Das ist wirklich seltsam, findet Adele. Aber lange kann sie nicht darüber nachgrübeln, da fasst sich Madame Berger schon wieder an den Bauch. „Mir ist so schlecht!"

„Der Schaffner hat gesagt, ich soll mal nach Ihnen sehen", stört ein Mann mit einem Arztkoffer die Zweisamkeit von Mädchen und Herrschaft.

„Was ist es denn?", will der Arzt wissen. „Wenn Ihnen so schlecht ist, wird es sicher ein Junge, was?", scherzt der Mann.

Nun versteht auch Adele, was der Mann auf dem Gang meinte. Sie schämt sich, dass er so etwas zu ihrer Herrschaft sagte. Das gehört sich nicht. Denn bessergestellte Leute wie ihre Herrschaft werden nicht krank und nicht schwanger und überhaupt geht es ihnen gut. „Ich vermute, dass Ihre Herrin die Reisekrankheit hat", sagt der Arzt zu Adele und **hält sich mit der Hand an der Wand fest**. „Eigentlich sollte sie schleunigst aus dem Zug, aber das geht gerade wohl schlecht." „Kann ich etwas tun?", erkundigt sich Adele. „Am besten ist Ruhe und wenig Aufregung, vor allem wenig Schaukeln des Waggons. Wenn Sie Ihre Herrin beruhigen könnten, ginge es ihr gleich besser", verrät der Arzt. Adele sieht ihn verwundert an. „Ich dachte immer, Herrinnen können nicht krank werden", sagt Adele. Sie lacht leicht. „Vielleicht stimmt das Sprichwort ja doch: Hochmut kommt vor dem Fall."

Leise pfeifend steht sie in der Nähe der Kabine, um ihrer Herrin notfalls helfen zu können. Aber dann soll sie wenigstens rufen. Adele ist es leid, immer für die Herrschaft zu denken und **durch den wackelnden Zug zu laufen**.

Lassen Sie erzählen …

- Wann sind Sie zum ersten Mal mit dem Zug gefahren?
  - Was war das für ein Zug? *(D-Zug, Dampflokomotive, ICE …)*
  - Wo sind Sie eingestiegen?
  - Wohin führte Sie die Zugfahrt?
  - Wie war die Fahrt unterwegs? Waren die Sitze bequem? Kam ein Schaffner vorbei?

- Sind Sie schon einmal mit einem besonderen Zug, wie dem Orientexpress oder dem Glacierexpress, gefahren? Oder vielleicht mit einer Dampflokomotive?
- Kennen Sie den Orientexpress? Woher?
  - Aus dem Bericht von Bekannten, die damit gefahren sind?
  - Durch den Film „Mord im Orientexpress"?
  - Durch das Buch von Agatha Christie?

- Welches war das wertvollste oder größte Souvenir, das Sie jemals von einer Reise mitgebracht haben?

Beim Autorennen

Das Auto ist der Deutschen liebstes Kind, heißt es. Für Männer trifft das vor allem zu. Sie hegen und pflegen nicht nur ihr eigenes Auto, sondern lieben es auch, schnelle Autos fahren zu sehen. Lassen Sie Ihre Zuhörer an einem Formel-1-Rennen teilhaben. Zu der Geschichte führen Sie gemeinsam die farbig hervorgehobenen Bewegungen aus.

Wie in jedem Jahr seit 1955 stehen Klaus, Volker und Gerd am Straßenrand in Monte Carlo. Sie warten auf die Formel-1-Wagen, die am Rennen um den Großen Preis von Monaco teilnehmen. Viele Zuschauer schwenken mit Fähnchen. *(die Arme schwenken, als hätte man ein Fähnchen in der Hand)*

Aus der Ferne sind die ersten Motorengeräusche zu hören.

„Wum, Wum“, macht Klaus und tut so, als hielte er ein Lenkrad. *(Fäuste vor dem Körper ballen und hin und her bewegen)*

„Meinst du, das hilft?“, erkundigt sich Volker trocken.

„Es schadet zumindest nicht“, entgegnet Klaus und lenkt sein Luftauto in die Kurven. *(Fäuste vor dem Körper ballen und hin und her bewegen)*

Gerd öffnet währenddessen die nächste Flasche Bier. „Das ist das Gute an der Formel 1. Es ist ganz egal, wie viel Bier die Zuschauer trinken.“

„Ich bleibe nüchtern“, verkündet Klaus. „Ich will nachher noch in den Rennstall und ein Foto von dem Siegerauto machen.“

„Haha, da bist du sicher nicht der Einzige, der die Idee hat“, spottet Volker.

„Aber ich bin am besten vorbereitet. Wetten?“, behauptet Klaus.

„Die Wette gilt!“, schlägt Gerd ein. „Ich wette um einen Kasten Bier. Leg dir das Geld dafür schon mal zurück, Klaus. Den Sieg habe ich sicher.“

Klaus kann gerade noch den Kopf schütteln, da rasen die ersten Fahrzeuge an ihm vorbei. *(den Kopf hin und her bewegen, um den Fahrzeugen hinterherzusehen)*

Als der Sieger des Rennens feststeht, verschwindet Klaus unter einem fadenscheinigen Vorwand. Aus seinem Rucksack holt er eine Taschenlampe. Mit der orangefarbenen Schaumstoffkugel ähnelt sie dem Mikrofon eines Reporters.
Als er dem ersten Mann begegnet, fragt er: „Was sagen Sie zu dem sensationellen Sieg?" Er hält dem Mann das Mikrofon unter die Nase, sodass dieser verdutzt antwortet. Auf diese Weise schafft es Klaus, sich an weiteren Ordnern vorbeizuschlängeln. *(Oberkörper und Hüfte bewegen, als müsse man sich durch einen Spalt zwängen)*
Schließlich steht er vor dem Formel-1-Wagen seines Helden.

Während sich die Crew um die Siegerpodeste schart, fotografiert Klaus das Auto. *(beide Hände wie eine Kamera vor die Augen halten und den Zeigefinger auf und ab bewegen zum „Auslösen")*

Stolz kehrt Klaus zu Volker und Gerd zurück und zeigt ihnen das Foto des Siegerautos. „Ach, jetzt verstehe ich", zwinkert Volker. „Du hast den Rennwagenfahrern wohl heimlich ein Bier spendiert."
„Ich habe eben Beziehungen", flunkert Klaus und grinst nur. Man muss ja nicht jeden Trick verraten.

Lassen Sie erzählen …

✷ Teilen Sie die Leidenschaft für Autos?

- Welche Autos sind Sie bereits gefahren?
- Welche haben Sie besessen?
- Sammeln Sie Modellautos?
- Besuchen Sie Oldtimer-Treffen?

✷ Haben Sie schon ein Autorennen besucht? Oder einen anderen sportlichen Wettkampf?

- Ein Fahrradrennen?
- Wettbewerbe bei Olympischen Spielen?
- Ein Fußballspiel, vielleicht sogar bei einer Europa- oder Weltmeisterschaft?
- Wettbewerbe bei Weltmeisterschaften anderer Sportarten? *(Leichtathletik, Tanzen, Eiskunstlauf, Skispringen …)*

✷ Gibt es eine Veranstaltung, die Sie seit Jahrzehnten immer wieder besuchen?

- Ein Sportereignis?
- Ein kulturelles Ereignis?
- Ein besonderes Fest?

Berühmte Sehenswürdigkeiten

Das Kindheitsversprechen

Es gibt viele unterschiedliche Möglichkeiten, Paris, die Stadt der Liebe, kennenzulernen. Ein Blick vom Eiffelturm ist sicher die aufregendste. Zu der Geschichte führen Sie gemeinsam mit Ihren Zuhörern die farbig hervorgehobenen Bewegungen aus.

„Oh, der Eiffelturm ist aber hoch", stellt Evelyn fest. Sie legt den Kopf in den Nacken und hält die Hand über die Augen, um die Spitze des Turms zu erkennen. *(Hand über die Augenbrauen halten)*

„324 Meter", bemerkt Gerda trocken. „Bei der Eröffnung 1889 waren es 312 Meter."

„So alt ist der schon?" Paula sieht ihre Freundinnen skeptisch an. „Das wusste ich nicht. In dem Alter geht doch sicher mal was kaputt. Wollen wir da wirklich rauf?"

„Na klar", sagt Evelyn bestimmt. „Weißt du nicht mehr, was wir uns in der Schule vorgenommen haben? Wenn wir groß sind, steigen wir auf den Eiffelturm." *(Füße wie beim Treppensteigen nacheinander anheben)*

Forsch tritt Gerda an die Kasse. „3-mal Eintritt für den Eiffelturm", sagt sie.

Sofort wird sie in vielen verschiedenen Sprachen belehrt.

Der Mann an der Kasse versucht, ihr mit Händen und Wortfetzen zu erklären, dass sie sich ans Ende der Warteschlange einreihen muss. *(Hände in der Luft schütteln)*

Gerda geht mit Paula und Evelyn missmutig bis ans Ende der Schlange.

„Ich dachte, du hättest alles so gut organisiert", sagt Evelyn schnippisch. „Konnte man die Tickets denn nicht vorbestellen?"

„Bisher hat ja wohl alles gut geklappt, oder?", gibt Gerda beleidigt zurück.

Paula und Evelyn gehen nicht darauf ein. Sie blicken hoch und legen die Hand über die Augen, um erneut die Spitze des Turms zu betrachten. *(Hand über die Augenbrauen halten)*

„Puh, das dauert", jammert Paula nach einer halben Stunde Wartezeit. „Während ihr hier wartet, könnte ich doch schnell noch mal aufs stille Örtchen."
„Ich komme mit", erklärt Evelyn, bevor Gerda etwas sagen kann.
Schon sind die beiden verschwunden und Gerda steht allein in der Schlange. Auf einmal löst sich die Gruppe vor ihr auf und sie ist an der Reihe. Der Verkäufer sieht Gerda erwartungsvoll an.
„3-mal", sagt Gerda.
Der Mann spricht sie auf Französisch an.
„Drei!", wiederholt Gerda ihre Bitte und hält dem Mann drei Finger hin. *(drei Finger zeigen)*
Der Kassierer antwortet mit den Händen. Er bewegt zwei Finger in der Luft, wie bei dem Kinderspiel, bei dem Gerda auf dem Arm ihres Enkels eine Maus laufen lässt. *(Zeige- und Ringfinger auf dem Arm wandern lassen)*

„Jaja", sagt Gerda. Sie wollen auf den Eiffelturm gehen. Die andere Bewegung versteht sie nicht. Was meint der Kassierer, als er die Hand schnell nach oben hebt? *(Hand zur Faust ballen und schnell in Kopfhöhe führen)*

Gerda ist froh, als sie die Eintrittskarten in der Hand hält. Da tauchen auch Paula und Evelyn wieder auf. Entschlossen führt Gerda die Freundinnen zum Treppenaufgang, den ihr der Mann an der Kasse gezeigt hat.
„Meinst du, wir sind hier richtig?", fragt Evelyn.
„Die anderen stehen alle da hinten." Sie deutet in eine andere Richtung. *(Arm mit Zeigefinger ausstrecken)*

„Der Mann an der Kasse hat gesagt, wir müssen hierher", meint Gerda.

Während sie sich noch unterhalten, hört Gerda einen kleinen Jungen. Er fragt: „Papa, wie weit müssen wir gehen?"

„Über 700 Stufen, Erik", antwortet der Vater.

Evelyn und Paula sehen Gerda entsetzt an. „Sollen wir etwa zu Fuß auf den Turm?"

(Füße wie beim Treppensteigen nacheinander anheben)

Jetzt versteht Gerda die seltsame Geste des Kassierers, die Faust, die nach oben schnellt. Sie soll den Aufzug darstellen. *(Hand zur Faust ballen und schnell in Kopfhöhe führen)*

Unglücklich schaut sie ihre Freundinnen an.

„Gibt es ein Problem?", spricht eine Frau sie auf Deutsch an.

Evelyn schildert der Frau die Situation.

„Einen Moment", bittet die Frau und verschwindet in Windeseile hinter dem Kassenbereich. Wenig später erscheint sie mit drei Karten für die Fahrt mit dem Aufzug bis in die Spitze.

„Verraten Sie mich nicht, ich habe meiner Chefin gesagt, sie wären berühmte Schauspielerinnen aus Deutschland", flüstert die Frau ihnen zu. „Deshalb müssen Sie auch nicht mehr warten. Kommen Sie mit."

Wenig später klammern sich Gerda, Paula und Evelyn im Aufzug an die Haltestange.

(beide Arme ausstrecken und die Hände übereinander zu Fäusten ballen)

Im zweiten Stock müssen sie umsteigen und dann sind sie oben.

Paula hat ihre Sorgen vergessen. Sie hält die Hand über die Augen und ist begeistert.

(Hand über die Augenbrauen halten)

„Dafür hat sich die Fahrt und die Aufregung gelohnt", meint auch Evelyn.

Gerda ist einfach nur erleichtert, dass sich fast 70 Jahre nach ihrer gemeinsamen Schulzeit ihr Traum erfüllt hat.

Lassen Sie erzählen …

- Waren Sie schon einmal in Paris?
  - Wann war das?
  - Mit wem waren Sie dort?
  - Was haben Sie sich dort angeschaut?
  - Wo haben Sie gewohnt?

- Sind Sie bereits auf dem Eiffelturm gewesen?
  - Wann war das?
  - Sind Sie mit dem Aufzug gefahren oder zu Fuß gegangen?
  - Mussten Sie lange in der Schlange warten oder konnten Sie gleich eine Eintrittskarte kaufen?
  - Was haben Sie sich dort angeschaut? *(das Museum, die Aussicht, das Restaurant)*

- Haben Sie mit Freunden einen ähnlichen Pakt geschlossen wie die Frauen in der Geschichte?
  - Dass Sie etwas gemeinsam erleben?
  - Dass Sie sich regelmäßig treffen?
  - Dass Sie sich gegenseitig zur Hochzeit einladen?

- Waren Sie schon in der Situation, dass Sie sich ohne Sprache verständigen mussten? Wie haben Sie dies gemeistert?

Der verborgene Schatz

In Athen kann man wunderbar dem Leben der alten Griechen nachspüren. Dabei bleibt immer die Frage, ob womöglich irgendwo ein alter Schatz versteckt ist. Zu den farbig hervorgehobenen Signalwörtern führen Sie gemeinsam mit Ihren Zuhörern folgende Bewegungen aus:

- **Schatz:** mit beiden Händen auf die Oberschenkel klatschen
- **Münze:** mit den Füßen kleine, schnelle Schrittbewegungen machen

Anton, Oskar und Kostas sammeln **Münzen**. Anton leitet sogar die Münzsammlergilde im Ort. Kostas ist vor fast 60 Jahren mit seinen Eltern aus Griechenland nach Deutschland gekommen. Er macht mit den anderen Münzsammlern eine Reise in sein Heimatland, um mit ihnen einen vermeintlichen **Schatz** zu finden.

„Du hast wirklich einen Knall!“, beschimpft Anton seinen Sammlerkollegen Kostas. „Wo willst du hier deinen blöden **Schatz** finden?“ Die beiden stehen mit ihrer Gruppe am Fuß der Akropolis und schauen zu der Säulenhalle hinauf, die weit oben zu erkennen ist.

„Ach, vergiss doch den Spinner“, meint auch Oskar. „Lass uns gemütlich den Berg hinaufgehen und das alte Gemäuer angucken.“ Kostas zieht die Stirn kraus. „Ihr werdet euch wundern, wenn ich den **Schatz** finde. In dem Brief meines Urgroßvaters steht genau, wo die **Münzen** liegen.“
Die anderen machen sich auf den Weg in die Anlage der Akropolis.
Während Kostas seinen Kollegen folgt, schaut er auf den Boden und in jede Ritze. Mehr als einmal stößt er mit einem anderen Touristen zusammen und erntet Beschimpfungen in Deutsch, Englisch, Französisch und Griechisch.

„Kostas, nun komm endlich, hier ist kein Schatz!“, ruft Anton, der neben einer der Säulen der Akropolis steht.
Doch Kostas ist wie besessen von der Idee, wenigstens eine kleine, alte Münze zwischen den Steinen zu finden. Inzwischen watschelt er wie eine Ente in der Hocke den Berg hinauf, um nichts zu übersehen.
„Puh, mein Rücken!“, stöhnt er, als er die Gefährten erreicht.
„Kein Wunder, so wie du hier raufläufst“, spotten Oskar, Anton und die anderen Sammlerkollegen. „Guck dir lieber die Aussicht an.“

Obwohl Kostas schon mehrmals auf der Akropolis war, begeistert ihn die Aussicht auch heute wieder. Für kurze Zeit ist der Schatz vergessen. Er steht einfach nur da und schaut in das weite Land bis zum Meer. Er betrachtet den Naturton der Häuser, die sich eng aneinanderreihen, und das Schimmern des Meeres dahinter.
„Diese Reise ist wirklich eine tolle Idee“, findet Oskar. „Ich wäre sonst nie hierhergekommen.“ Er lacht. „Und hätte weiterhin gedacht, Akropolis ist das griechische Restaurant um die Ecke.“
Kostas löst seinen Blick von dem Meer. Er lächelt traurig. „Ja, das ist schön hier. Aber noch schöner wäre es, wenn ich den Auftrag meines Urgroßvaters erfüllen könnte. Wenn ich wenigstens einen kleinen Teil des Schatzes finden würde.“
Schweren Herzens folgt er seinen Kollegen den Berg hinunter. Sein Blick geht nur noch flüchtig auf den Boden.
Glitzert da nicht etwas? Kostas bleibt unvermittelt stehen. Er geht in die Knie.
„Eine Münze!“, ruft er den anderen zu.
„Hier! Ich habe eine Münze gefunden.“
Hastig durchsucht er die Umgebung.
Doch da ist nichts.

„Immerhin habe ich eine **Münze!**", freut er sich, als sie die Anlage verlassen.
Ein Mann schlägt ihm von hinten auf die Schulter und spricht ihn auf Griechisch an. Kostas stellt den anderen Sammlern den Mann vor. „Das ist mein Cousin, der mir den Brief meines Urgroßvaters über den **Schatz** geschickt hat."
Er übersetzt den Satz auf Griechisch.
Der Cousin beginnt, laut zu lachen. Er sagt etwas auf Griechisch, das die anderen nicht verstehen. Kostas wird blass, als er das hört. Zunächst weigert er sich, den Satz zu übersetzen.
Schließlich sagt er: „Mein Cousin meint, der Brief war ein Spaß, den er und seine Geschwister sich mit mir erlaubt haben. Es gibt den **Schatz** nicht."
„Das ist doch jetzt egal", meint Oskar aufmunternd. „Wir hätten sonst nie eine so tolle Reise erlebt." Er macht eine Pause. „Allerdings hätte ich mir die fünf Euro sparen können, die ich für die **Münze** am Souvenirstand ausgegeben habe."
Da muss auch Kostas lachen. „Das geschieht dir recht, wenn du mit mir einen Scherz machen willst."
„Ich wollte dir nur eine Freude machen", widerspricht Oskar. Aber das ist auch nicht wichtig. Die Männer lassen sich von Kostas' Cousin in ein gutes Restaurant führen und feiern ihre gelungene Reise.

© Lady-Luck – Fotolia.com

Lassen Sie erzählen ...

- Was verbinden Sie mit Griechenland?
  - Einen Urlaub?
  - Ein griechisches Restaurant?
  - Griechische Kollegen, die aus ihrer Heimat berichten?
  - Einen Film oder ein Buch?

- Wenn Sie schon in Griechenland waren, wo war das?
  - In einer Stadt? In welcher?
  - Auf einer Insel? Auf welcher?
  - Was haben Sie sich angeschaut?
  - Erinnern Sie sich an eine besondere Begebenheit?

- Haben Sie schon einmal eine Bildungsreise gemacht?
  - Wohin führte diese?
  - Wer hat sie organisiert?
  - Wer hat Sie begleitet?

- Besitzen Sie alte Briefe aus der Familie?
  - Von wem stammen Sie?
  - Wovon handeln Sie? Was wird dort beschrieben?

Königliche Wildtiere

London bietet eine Fülle an Touristenattraktionen. Eine davon ist der „Tower of London“ mit der Ausstellung der „Royal Beasts“, der wilden Tiere, die einmal in der berühmten Festung gelebt haben. Zu den farbig hervorgehobenen Signalwörtern führen Sie gemeinsam mit Ihren Zuhörern folgende Bewegungen aus:

- **Elefant:** in die Hände klatschen
- **Löwe:** mit beiden Füßen aufstampfen
- **Eisbär:** die Hände vor der Brust überkreuzen

Tipp: Ordnen Sie Ihren Zuhörern die unterschiedlichen Tiere zu.

„Herzlich willkommen bei unserer heutigen Führung. Ich präsentiere Ihnen die wilden Tiere im Tower“, begrüßt ein Mann in einem schwarzen, rot abgesetzten Mantel die Reisegruppe. Das Schwarz und Rot aus dem Mantel findet sich auch in seinem Hut wieder.

Rita ist froh, dass der Mann Deutsch spricht und kein Englisch. „Das hast du gut gemacht, dass du die deutschsprachige Führung gebucht hast“, wispert sie ihrem Mann Egon zu.

„Pscht!“, zischt Egon.

Gerade erklärt der Mann, dass er einer der Wächter des Towers ist.

„Wir besuchen nun die Räume, in denen frühere Herrscher **Elefanten** hielten. Danach betreten wir den Käfig der **Löwen**. Am Ende zeige ich Ihnen noch die Überreste eines **Eisbären**“, berichtet der Touristenführer.

„Lebt der **Löwe** noch?“, ruft Rita in die Runde. Egon stößt ihr in die Seite und zischt: „Ruhe!“

„Nein, die Tiere leben schon lange nicht mehr“, sagt der Mann in dem schwarzen Mantel, ohne das Gesicht zu verziehen.

„Hatten die wirklich **Eisbären**?“, fragt ein Mann aus der Reisegruppe. „Wo wurden die denn gehalten?“
„Vielleicht in der Themse“, scherzt ein anderes Mitglied der Gruppe. „Mich interessiert vielmehr, was die Könige mit den **Löwen** gemacht haben. Haben sie denen die Feinde zum Fraß vorgeworfen?“
„Ach, das sind doch alles Raubtiere. Spannend ist doch, ob einer der Könige auf dem **Elefanten** geritten ist“, mischt sich eine Frau ein.
„Ich schlage vor, wir gehen jetzt und ich erkläre Ihnen alles an Ort und Stelle“, sagt der Mann im schwarz-roten Mantel freundlich, aber bestimmt. Ohne weitere Kommentare abzuwarten, geht er los.

Rita, Egon und dem Rest der Gruppe bleibt nichts anderes übrig, als ihm zu folgen.
„**Löwen**, **Eisbären** und **Elefanten** sind sicher anstrengende Haustiere“, wispert Rita ihrem Mann Egon zu. „Was die wohl alles fressen!“
Egon antwortet nicht, er lauscht den Erzählungen des Museumsführers.
Rita ist mit den Gedanken woanders. Sie träumt und verpasst den Anschluss an die Gruppe. Plötzlich steht sie allein in dem alten Gemäuer.
„Egon!“, ruft sie.
Doch Egon scheint, wie die ganze Gruppe, vom Erdboden verschluckt.

Rita sieht sich um. „Ist das nicht ein **Löwe** da vorn?“, fragt sie sich. „Vielleicht ist der gar nicht tot. Und da hinter den Käfigstäben blitzt es weiß. Sitzt da etwa ein **Eisbär**?“
Ein durchdringendes Geräusch lässt Rita zusammenzucken. Sie sucht nach einem Versteck. Das tiefe Geräusch kann doch nur von einem riesigen **Elefanten** kommen. Da bewegt sich auch schon etwas Graues.
Rita drückt sich gegen die Wand. Sie will losschreien, da guckt Egons Kopf hinter der Tür hervor.
„Wo bleibst du denn, Rita? Hier geht es weiter zu den Käfigen der **Löwen** und den Pfählen, an denen die **Elefanten** angebunden wurden. Die **Eisbären** waren in einem See, der extra für sie angelegt wurde.“
Rita atmet erleichtert auf. Rasch folgt sie Egon in den Nebenraum, der mit einer Tür schalldicht von dem anderen Raum abgetrennt ist. „Nie wieder in den Tower“, beschließt sie. Das ist ihr viel zu aufregend. Obwohl sie gerne wüsste, was man bei der Haltung eines **Elefanten** beachten muss.

Lassen Sie erzählen ...

- Haben Sie schon einen Tag oder längere Zeit in London verbracht?
  - Wenn ja, was haben Sie dort angeschaut?
  - Wann war das?
  - Wie sind Sie dorthin gekommen?
  - Wer hat Sie begleitet?
  - Haben Sie die englische Sprache verstanden?

- Was fällt Ihnen ein, wenn Sie an den „Tower of London“ denken? *(Themse, Residenz, Waffenkammer, Museum, Münzprägestätte ...)*
- Waren Sie schon in ähnlichen Museen oder Anlagen?
- Ist Ihnen das auch schon passiert, dass Ihre Reisegruppe plötzlich verschwunden war? Wie haben Sie die Situation gelöst?
- Welche Haustiere hatten Sie oder hätten Sie gerne gehabt?
  - Welchen Namen hätten Sie ihnen gegeben?
  - Welche Art würde Ihnen gut gefallen? Warum ausgerechnet diese?

Die Glücksmünze

Dem Trevi-Brunnen in Rom werden magische Kräfte nachgesagt. Wer eine Münze über die Schulter hineinwirft, so heißt es, hat Glück und kehrt immer wieder nach Rom zurück. Werfen Sie gemeinsam mit Ihren Zuhörern bei dem farbig hervorgehobenen Signalwort **Trevi-Brunnen** fiktive Münzen mit der rechten Hand über die linke Schulter.

Seit zehn Minuten stehen Annemarie und ihre Schwester Karin hinter einer Wand aus Menschenrücken. Hin und wieder kommt jemand aus der Menschenmenge. Doch ehe eine der Frauen sich in die Lücke zwängen kann, schließt sie sich wieder.
„Komm, wir gehen", meint Annemarie schließlich. „So wichtig kann dieser **Trevi-Brunnen** auch nicht sein, dass wir uns hier die Beine in den Bauch stehen."
„Wir bleiben!", erklärt Karin bestimmt.
„Aber was willst du da? Ins Wasser gucken?"
Annemarie versteht nicht, was ihre Schwester an dem alten Brunnen findet. Der Petersdom, ja, der ist imposant. Und das Kolosseum ist beeindruckend. Aber dieser **Trevi-Brunnen**. Der hat nur ein paar alte Figuren und ein paar Wasserspeier.
„Man merkt sofort, dass du noch nie in Rom warst!", bemerkt Karin schnippisch.
Sie quetscht sich in die Lücke, die vor ihr frei wird. Annegret schiebt sich hinter sie.

Endlich erreichen sie den Brunnenrand. Annemarie traut ihren Augen kaum. Ihre Schwester zieht ein kleines Fernglas aus der Tasche und beginnt, durch das Glas das Wasser zu betrachten.
„Was machst du da?", will Annemarie wissen.
„Beim letzten Mal habe ich eine Münze mit einem Loch in den **Trevi-Brunnen** geworfen", flüstert Karin. „Ich will sehen, ob die noch da ist."

„Wann warst du denn das letzte Mal in Rom?“ Annegret sieht ihre Schwester erstaunt an.
„Vor drei Jahren mit den Kegelfrauen“, sagt Karin, ohne das Fernglas abzusetzen.
„Ja, glaubst du denn, die Münze liegt hier noch?“ Annegret schüttelt den Kopf. Sie kannte den Trevi-Brunnen bisher nicht. Aber dass eine Münze drei Jahre darin liegt, kann sie sich beim besten Willen nicht vorstellen.
„Was soll denn sonst damit passieren?“, fragt Karin. Sie drängelt sich vor ihren Nachbarn, um einen anderen Ausschnitt des Brunnenbodens zu sehen.

„Die Münzen werden jeden Tag aus dem Brunnen geholt!“, hört Annemarie die Stimme eines Mannes. Sie blickt zu ihm hinüber. Der Mann ist in ihrem Alter und hat weißes Haar. Die Haut ist braun gebrannt, als würde er viel Zeit an der frischen Luft verbringen. Am auffälligsten aber ist sein Lächeln. Annemarie muss ebenfalls lächeln, auch wenn sie es unmöglich findet, dass er sich in ihre Unterhaltung einmischt.
„Scusi“, sagt der Mann. „Bitte entschuldigen Sie, dass ich mich in Ihr Gespräch eingemischt habe. Mein Name ist Paolo Cantorini. Bevor ich in Ruhestand ging, habe ich die Münzen aus dem Trevi-Brunnen gefischt.“
Annemarie schaut den Mann an. Seine Augen lächeln ebenso wie sein Mund. Fast kommt es ihr vor, als hätte seine Stimme sie verzaubert.
„Was für eine schöne Aufgabe“, bringt Annemarie schließlich hervor. „Was war die außergewöhnlichste Münze, die Sie gefunden haben?“
Paolo Cantorini lacht. „Ach, eigentlich waren alle Münzen gleich. Und immer wieder gab es welche mit einem Loch in der Mitte. Manche hatten ein Lederbändchen dadurch gezogen, andere einen Kabelbinder.“

Annemarie lacht. „Da war meine Schwester wohl nicht allein mit dieser Idee.“

„Nein“, gibt Paolo Cantorini zu. Er sieht Annemarie an. „Darf ich Sie zu einem Espresso einladen, während Ihre Schwester ihre Münze im **Trevi-Brunnen** sucht?“

Annemarie stutzt. „Aber die ist doch gar nicht mehr da, wenn ich Sie richtig verstanden habe.“

„Eben“, sagt Paolo Cantorini. „Da haben wir viel Zeit, uns kennenzulernen.“

Annemarie folgt Paolo Cantorini in ein Café gegenüber. Sie reden miteinander, als würden sie sich seit Jahren kennen.

Nach einiger Zeit kommt Karin an den Tisch. Verwundert sieht sie zuerst Annemarie und dann Paolo Cantorini an.

„Mhm“, sagt sie dann. „Wenn ich euch anschaue, dann vermute ich, dass du auch ohne Münze im **Trevi-Brunnen** wieder nach Rom kommst, Annemarie!“

Womit sie Recht behalten wird.

© daga5 – Fotolia.com

Lassen Sie erzählen ...

- Waren Sie schon einmal in Rom?
  - Was hat Sie dorthin geführt? Eine Bildungsreise, eine Wallfahrt oder ein Sommerurlaub?
  - Welche Sehenswürdigkeiten haben Sie besucht? *(Petersdom, Kolosseum, Trevi-Brunnen ...)*
  - Wo haben Sie bei Ihrem Aufenthalt gewohnt?
  - Wer hat Sie begleitet?
  - Welches Erlebnis ist Ihnen besonders in Erinnerung geblieben?

- Welchen Ort haben Sie am häufigsten bereist? Was hat Sie immer wieder dorthin gezogen?
- An welche Reise mit einem Familienmitglied erinnern Sie sich?
  - Wohin führte die Reise?
  - Wie verlief sie?
  - Gab es unterwegs besondere Vorkommnisse?

- Erinnern Sie sich an eine schöne Begebenheit an einem Brunnen?
  - In Ihrer Heimatstadt?
  - An Ihrem Wohnort?
  - Während einer Reise?

2000 Jahre alte Wasserleitungen

Das besondere an der Ruinenstadt Pompeji ist, dass sie durch den überraschenden Vulkanausbruch 79 n. Chr. konserviert wurde. So verrät sie viel darüber, wie Menschen in der Antike ihren Alltag gestaltet haben. Zu den farbig hervorgehobenen Signalwörtern führen Sie gemeinsam mit Ihren Zuhörern folgende Bewegungen aus:

- **Walter:** die Faust wie eine Lupe vors Auge halten und Oberkörper suchend nach links und rechts bewegen
- **Thomas:** mit den Füßen schnell auf den Boden trippeln
- **Inge:** fragend die Schultern hochziehen

Walter, seine Frau Inge und Sohn Thomas besuchen Pompeji.
„Was sollen wir denn hier?", nörgelt Thomas mit Blick auf die staubigen Mauern und den Sand. Seit über einer Stunde stehen sie bereits in der Warteschlange an und warten auf den Einlass.
„Wir gucken uns eine 2000 Jahre alte Stadt an", meint Walter. Er holt die große Lupe aus der Tasche, die er seit der Abreise mit sich trägt.
„Darf ich mal?", bettelt Thomas.
Walter seufzt. „Wenn du dann ruhig bist!"
Er reicht seinem Sohn die Lupe.
„Weshalb hast du das Ding überhaupt mitgenommen?", mischt sich nun auch noch Inge in das Gespräch ein.
„Das habe ich doch erklärt." Walter stöhnt. „Ich habe gehört, dass die schon vor 2000 Jahren super Wasserinstallationen hatten. Die will ich mir näher angucken."

Thomas betrachtet den Sand durch die Lupe. „Kann es sein, dass da auch Muscheln drin sind?", will er wissen.
„Jetzt ist aber gut!", schimpft Walter. „Ich habe gesagt, du sollst dich ruhig verhalten."

Er nimmt seinem Sohn die Lupe aus der Hand.
Zum Glück gehören sie zu der Gruppe, die nun eingelassen wird.
Thomas schaut mal hier und mal da.
Walter betrachtet mit Argusaugen und seiner Lupe die Reste der Wände, Decken und den Fußboden.

Auf dem weiteren Weg durch die Anlage ist Inge damit beschäftigt, ihren Mann davon abzuhalten, an die alten Wände zu klopfen. Jeden Winkel betrachtet Walter mit seiner Lupe.
Ihren Sohn verliert Inge dabei aus den Augen. Da poltert es ganz in der Nähe und ein Junge schreit um Hilfe.
„Bitte bleiben Sie hier!", verlangt die Frau, die die Gruppe durch das Gelände führt.
Doch Inge und Walter sind bereits unterwegs dorthin, woher der Schrei kam.

Thomas steht mit einem Fuß in einem Loch.
Inge eilt erleichtert zu ihm. „Gut, dass dir nichts passiert ist."
Walter hingegen prüft mit seiner Lupe die Stelle, an der Thomas eingebrochen ist.
„Sehr interessant", murmelt er. „Das muss ich mir merken. Eine tolle Konstruktion."
Als sie wieder bei der Gruppe sind, flüstert Walter seinem Sohn zu: „Danke. Das hast du wirklich gut gemacht. Wenn du nicht das Loch in den Boden getreten hättest, hätte ich niemals gesehen, wie die vor 2000 Jahren eine Kanalisation angelegt haben."

Lassen Sie erzählen ...

- Waren Sie schon einmal in Pompeji? Woran erinnern Sie sich?
- Oder haben Sie eher andere Regionen in Italien kennengelernt? Welche waren das?
    - Lombardei?
    - Toskana?
    - Apulien?
    - Sardinien?
    - Sizilien?
    - ...

- Sind Sie schon einmal in der Nähe eines Vulkans gewesen?
    - Welcher Vulkan war das?
    - Was haben Sie dort erlebt?

- Welche anderen Stätten des Altertums haben Sie gesehen? *(Pyramiden von Gizeh, Inka-Stadt Machu Picchu, Olympia ...)*
- Wohin sind Sie mit Ihrer Familie verreist?

Traumhafte Reiseziele

Pub, Bier und Musik

Irland ist nicht nur bekannt für seine Seen, sondern auch für seine Pubs, das irische Bier „Guinness" und seine Musik. Zu den farbig hervorgehobenen Signalwörtern führen Sie gemeinsam mit Ihren Zuhörern folgende Bewegungen aus:

- **Guinness:** die rechte Hand zum Mund führen und den Kopf in den Nacken legen
- **Akkordeon:** die Arme anwinkeln und abwechselnd nach innen und außen ziehen
- **Banjo:** den linken Arm seitlich ausstrecken und die rechte Hand vor dem Bauch auf und ab bewegen

Tipp: Ordnen Sie Ihren Zuhörern die unterschiedlichen Signalwörter zu.

Einmal im Jahr verreist Bernd mit den Musikern seiner früheren Band: Kalle, Micky und Lambert. Seit die Band sich aufgelöst hat, hat er nur hin und wieder bei Geburtstagen sein **Banjo** hervorgekramt. Den anderen geht es ähnlich, aber die Erinnerungen an die Auftritte früher mit Kalle am **Akkordeon**, die bleiben.

In diesem Jahr besuchen die vier Irland.

„Ich freue mich am meisten auf das irische Bier", sagt Lambert beim Anflug auf die grüne Insel. „**Guinness** sollte man ja nur in Irland trinken."

„Die Kneipen sollen in Irland ja super sein", findet auch Kalle.

„Und die Musik! Ich habe lange keine echte irische Musik gehört, so richtig mit **Banjo** und **Akkordeon**", überlegt Micky.

„Wegen der Musik wollte ich gerne nach Irland", erinnert sich Bernd. Er lacht. „Grün habe ich zu Hause hinter dem Haus genug."

Da rollt das Flugzeug auch schon zur Passagierbrücke und sie können den Flieger verlassen. Kalle zieht tief die Luft ein. „Nach Bier riecht das hier draußen nicht, eher nach Grün.“ „Oder nach Kerosin“, flachst Micky.

Es dauert nicht lange, da haben die vier ihr Quartier bezogen. Sofort machen sie sich daran, die Gegend zu erkunden.
„Hey, das Schild da vorn sieht einladend aus“, findet Bernd und zeigt auf ein Gebäude, an dem ein **Guinness**-Schild blinkt.
Die Männer betreten die Kneipe. Gleich werden sie von Dämmerung umfangen.
„Genauso habe ich mir einen irischen Pub vorgestellt“, meint Kalle und hält Ausschau nach einem freien Tisch.
Er findet einen Platz nicht weit von der Bühne, auf der ein **Akkordeon**, ein **Banjo**, ein Dudelsack und ein paar Mikrofone aufgebaut sind.
„Guckt mal, da könnten wir gleich loslegen“, scherzt Micky und zeigt auf die Bühne.
Kalle schwingt die Hände durch die Luft, als könnte er es kaum erwarten, wieder **Akkordeon** zu spielen.
Bernd tut so, als würde er sein **Banjo** zupfen und Micky streckt die Hände vor den Bauch, als hielte er einen Dudelsack.
„Wenn wir zu Hause sind, probieren wir es noch mal“, schlägt Lambert vor und summt ein „Mi-mi-mi“, um den Klang seiner Stimme zu erproben.

„Hey guys!“, begrüßt ein großer, kräftig wirkender Mann die vier. „Are you musicians?“
Bernd grinst. „Ich glaube, er hält uns für Musiker. Vermutlich sind wir hier berühmt und wissen es nicht.“
Die anderen lachen. Lambert erklärt dem Mann, dass sie ehemalige Musiker sind und vier **Guinness** möchten.

Der Mann ruft die Bestellung in den Raum. Doch statt sich an den nächsten Tisch zu begeben, bleibt er stehen und redet auf Lambert und Bernd ein.

Bernd ärgert sich, weil sein Schulenglisch eingerostet ist. Er versteht den Mann kaum. Schließlich wendet sich Lambert an seine Mitreisenden. „Der Typ fragt, ob wir nicht ein paar Lieder spielen könnten. Die Band liegt komplett krank im Bett und nun hat er keine Musik."

Im ersten Moment wehren die anderen drei ab. „Ich habe ewig kein **Banjo** mehr gespielt", sagt Bernd. „Meine Finger sind eingerostet." Auch Micky ist skeptisch.

Doch Kalle meint: „Von mir aus. Mensch, das wäre doch was. Nach so langer Zeit mal wieder auf der Bühne zu spielen."

„Eigentlich ist so ein Pub ja auch nichts anderes als Nachbars Garten, wo wir sonst mal klimpern", überlegt Bernd.

Das überzeugt auch Micky. So kommt es, dass die vier wenig später keine Musik hören, sondern welche machen.

„Von mir aus könnten wir schon wieder nach Hause fliegen", meint Bernd auf dem Rückweg. „Besser kann der Urlaub nicht mehr werden."

Lassen Sie erzählen …

- Was verbinden Sie mit Irland?
  - Waren Sie bereits einmal dort? Aus welchem Anlass? Urlaub? Bildungsreise? Beruflich? Familienbesuch?
  - Was haben Sie sich dort angesehen und erlebt?
  - Waren Sie schon einmal in einem irischen Pub? Wie hat es Ihnen da gefallen?
  - Trinken Sie vielleicht sogar lieber Guinness als anderes Bier?

- Welche Beziehung haben Sie zu Musik?
  - Welche Musik hören Sie gerne?
  - Spielen Sie ein Instrument? Wenn ja, welches?
  - Waren Sie Mitglied einer Musikband? Welche war das und welche Musik spielten Sie da?
  - Oder singen Sie lieber und sind Mitglied in einem Chor? Wie ist das so?

- Gibt es Freunde oder Cliquen, mit denen Sie viele Jahre immer wieder verreist sind?
  - Wer war das?
  - Was waren die Reiseziele?

- Haben Sie – im Urlaub oder im Alltag, auf Reisen oder zu Hause – erlebt, dass Sie plötzlich für jemanden einspringen mussten? Aus welchem Anlass?

Ein Mückenstich kommt selten allein

Der Lago Maggiore ist ein See, der sowohl in der Schweiz als auch in Italien liegt. Und natürlich tanzen die Mücken hier besonders gern und ärgern die Urlauber. Zu dem farbig hervorgehobenen Signalwort **„Mücke“** klatschen Sie gemeinsam mit Ihren Zuhörer in die Luft, als ob sie eine Mücke fangen wollen.

„Sag mal, Elli, hast du einen Sack voller **Mücken** aus Deutschland mitgenommen?“ Konrad wedelt mit den Händen, um eine **Mücke** zu verjagen.
Elli winkt ab. Sie lässt sich die Urlaubsfreude nicht vermiesen. Den ganzen Tag nörgelt Konrad. Dabei war er es, der gerne Camping am Lago Maggiore machen wollte. Nun sind sie auf dem schönsten Campingplatz der Schweiz und er schimpft über **Mücken**.
„Woher weißt du eigentlich, dass die **Mücken** aus Deutschland sind?“, fragt Elli mit einem breiten Grinsen. „Summen sie auf deutsch?“
„Haha!“ Konrad ist beleidigt. Vor der Abfahrt war es Elli, die über den schrecklichen, ungemütlichen Campingurlaub geklagt hatte. Seit der Zuweisung ihres Stellplatzes ist sie wie ausgewechselt. Sie wird doch nicht ein Auge auf den Platzwärter geworfen haben?
Konrad schaut Elli misstrauisch an. Sie sieht genauso aus wie sonst. Rote Haare, durch die weiße Strähnen schimmern. Ein hübsches, schmales Gesicht, schmale Schultern, einen ausladenden Hintern, also wirklich ansehnlich. Sollte das der Campingwärter auch bemerkt haben? Wütend über seine Gedanken schlägt Konrad in die Luft, obwohl schon lange keine **Mücken** mehr summen.

„Ich gehe jetzt duschen“, verkündet Konrad kurz darauf.
„Nimm aber nicht das Duschgel, das so süßlich riecht, und vergiss die Unterwäsche nicht“, mahnt Elli und streckt sich im Liegestuhl aus.

Konrad hört sie schon nicht mehr. Er lässt die **Mücken** hinter sich und stapft mit einem herb riechenden Duschgel Richtung Duschanlage.

Er trägt nur seine Badehose und das Duschgel in der Hand.

In der Duschanlage stellt Konrad fest, dass er die Wäsche vergessen hat.

„Ach was, da ziehe ich die Badehose wieder über", sagt er sich. „Hauptsache, der süße Duft, der die **Mücken** anzieht, verschwindet von meiner Haut."

Konrad stellt das Duschgel neben die Wasserhähne. Damit seine Badehose nicht nass wird, zieht er sie aus und hängt sie an den Haken, an dem eigentlich das Badetuch hängen soll.

„Mist, das Badetuch", ärgert er sich und beschließt, dann eben nass über den Platz zu laufen. Im Wohnmobil kann er sich in Ruhe abtrocknen.

„Wenn die Elisabeth nicht so schöne Beine hätt", singt Konrad, während er sich mit dem herben Duschgel einseift und abduscht.

Als er sich sauber und gewappnet gegen die dämlichen **Mücken** fühlt, greift er nach seiner Badehose.

Der Haken ist leer. Wo eben noch seine Badehose hing, ist jetzt nichts mehr.

„Und jetzt?", fragt Konrad sich selbst. Auf dem Gelände des wunderschönen Platzes befinden sich immer viele Besucher. Da kann er doch nicht im Adamskostüm umherlaufen. Hätte er doch wenigstens ein Handtuch geholt.

Konrad wartet einige Minuten. Aber es kommt niemand. Wer duscht auch schon mitten am Tag?

Da entdeckt Konrad den Handtuchspender mit den Papierhandtüchern im Vorraum.

Er knotet die Ecken der Papierhandtücher aneinander und bindet sie sich wie einen

Rock um die Hüfte. Auf dem Weg zum Campingplatz hält er das Duschgel, zum Glück eine riesige Familienpackung, vor den Schritt. So rast er zum Wohnmobil.

„Was hast du denn gemacht?“, empfängt Elli ihren Mann. „Haben die **Mücken** dein Handtuch geraubt?“
„Nein, meine Badehose“, gibt Konrad spöttisch zurück.
„Nee, die habe ich doch für die Wäsche geholt“, verkündet Elli. „Ich wollte dich nicht stören, du hast so schön gesungen.“

Konrad ist sprachlos. Er schwankt, ob er seine Geschichte erzählen soll. Stattdessen verschwindet er im Wohnmobil und kehrt wenig später in T-Shirt und kurzer Hose zurück. Zum Glück hat Elli inzwischen anderes zu tun. Sie jagt mit der Fliegenklatsche **Mücken** und fragt entnervt: „Sag mal, Konrad, hast du einen Sack voller **Mücken** aus Deutschland mitgenommen?“

Lassen Sie erzählen ...

- Waren Sie jemals auf einem Campingplatz?
  - Auf welchem Campingplatz waren Sie?
  - Womit sind Sie verreist? *(Wohnmobil, Zelt, Campingwagen ...)*
  - Wer hat Sie begleitet?

- Haben Sie schon den Lago Maggiore besucht?
  - Die deutsche oder italienische Seite?
  - Was hat Ihnen dort besonders gut gefallen?

- Wie machen Sie am liebsten Urlaub?
- Haben Sie einmal FKK-Urlaub gemacht?
  - Wo war das?
  - Wann war das?
  - Was haben Sie da erlebt?

Tulpen für Marianne

Das Angebot an Blumen in Amsterdam ist so vielfältig, dass es nicht leicht ist, sich zu entscheiden. Da können Sie Ihre Zuhörer an den Vorsatz erinnern, eine Tulpe aus Amsterdam mitzubringen. Bei dem farbig hervorgehobenen Signalwort **„Tulpe“** überreicht jeder seinem rechten Sitznachbar sinnbildlich eine Tulpe. Dazu wird nicht nur die Hand, sondern auch der Oberkörper nach rechts gedreht.

Tipp: Schwieriger wird es, wenn die Zuhörer abwechselnd ihrem rechten und linken Sitznachbarn eine Tulpe überreichen.

Seit Wochen freut sich Marianne auf den Ausflug des Kleingartenvereins nach Amsterdam. Sie ist in der Gruppe der Kleingärtner die Expertin für Tulpen. Da ist klar, wer den Ton bei der Reise angibt.
Ausgerechnet am Abfahrtstag tritt Marianne falsch auf und verstaucht sich den Fuß. An eine Reise ist nicht zu denken. Geschweige denn an einen Ausflug auf den Blumenmarkt und in die Parks.
„Bringt mir eine Tulpe mit“, bittet Marianne ihre Mitreisenden. Mit Tränen in den Augen winkt sie ihnen hinterher. Aber sie kann froh sein, dass der Fuß nur verstaucht ist.
Mariannes Freundin Renate hat sich zur Tulpenbeauftragten ernannt. „Ich werde dafür sorgen, dass Marianne eine ganz besondere Tulpe bekommt“, verkündet sie, als der Bus sich in Bewegung setzt.
Die Mitreisenden klatschen und wenden sich dann den Liederbüchern zu, die die Vorsitzende verteilt. Während der ganzen Busfahrt wird gesungen und gelacht.

Schon hält der Bus am Hotel in Amsterdam. Die Gruppe steigt rasch aus. Jeder wartet auf

seinen Koffer und bringt ihn in das Zimmer. Eine Stunde später ist bereits die Grachtenfahrt angesetzt. Renate schafft es gerade so als Letzte aufs Schiff.
„Das war knapp!", meint die Reiseleiterin. „Hast du wenigstens die **Tulpe** gefunden, die du gesucht hast?", erkundigen sich einige Teilnehmer.
Renate schüttelt den Kopf. „Aber wir sind ja noch drei Tage hier, da klappt das schon noch."
Jetzt entspannt sie sich erst einmal bei der Fahrt durch die Wasserstraßen von Amsterdam.

Am nächsten Tag steht das Anne Frank-Museum auf dem Ausflugsplan. Da heißt es, früh aufzustehen, und es ist keine Zeit für **Tulpen**. Aber selbst wenn sie Zeit gehabt hätte, Renate hat den Auftrag, eine **Tulpe** für Marianne zu besorgen, vergessen. Die neuen Eindrücke haben alles Vorherige verdrängt.

Für den dritten Tag ist der Ausflug im Rijksmuseum vorgesehen.
„Gut, dass Marianne nicht mitgefahren ist", meint eine Teilnehmerin. „Ich spüre meine Füße kaum noch, weil wir so viel unterwegs waren."
„Die **Tulpe!**", schießt es Renate durch den Kopf. Wo bekommt sie eine **Tulpe** her? Eine Nacht noch bis zur Rückreise. In Gedanken lässt sie die Tage Revue passieren. Da waren keine **Tulpen**, die sie hätte pflücken oder kaufen können!
Renate kann sich auf nichts mehr konzentrieren. Sie starrt in die Blumenbeete am Rand der Straße und beim Rijksmuseum.
Abends im Bett grübelt Renate, woher sie eine **Tulpe** für Marianne bekommt.

Am nächsten Morgen vor der Abreise will die Gruppe noch das Van Gogh-Museum besuchen.

„Ich habe eine schlechte Nachricht“, begrüßt die Reiseleiterin sie. „Das Van Gogh-Museum hat kurzfristig für ein paar Tage geschlossen, nachdem jemand versucht hat, ein Bild zu zerstören.“

„Oh nein, nur deshalb bin ich mitgefahren!“, ruft eine Teilnehmerin. Auch die anderen klagen, dass dieser Programmpunkt ausfällt. Nur Renate frohlockt. Das gibt ihr ein paar Stunden, um eine **Tulpe** für Marianne aufzutreiben.

„Ich habe mich umgehört und schlage vor, dass wir stattdessen zum Blumenmarkt fahren“, schlägt die Reiseleiterin vor.

„Ja!“, jubelt Renate.

Die anderen sehen sie verwundert an.

„Dann können wir Marianne ganz frische **Tulpen** mitbringen“, sagt Renate schnell.

Das leuchtet allen ein. Gut gelaunt besuchen sie den Blumenmarkt.

Auf der Rückfahrt stapeln sich zwischen den Koffern viele Blumensträuße. Nur Renate hält ihren Strauß **Tulpen** in der Hand. Nicht, dass am Ende doch noch etwas dazwischenkommt.

Marianne ist ganz aus dem Häuschen, als sie den großen Strauß sieht.

Renate dankt im Stillen demjenigen, der das Van Gogh-Bild angegriffen hat. Sonst hätte sie ohne **Tulpen** dagestanden und ihre beste Freundin schwer enttäuscht.

Lassen Sie erzählen ...

- Was verbinden Sie mit „Tulpen aus Amsterdam?“
  - Einen Schlager?
  - Einen Blumenstrauß?
  - Einen Besuch in Amsterdam?

- Waren Sie schon einmal in Amsterdam? Oder in einem anderen Ort in den Niederlanden?
  - Was haben Sie kennengelernt?
  - Wer hat Sie begleitet?
  - Wo haben Sie gewohnt?
  - Welches Souvenir haben Sie mitgebracht?

- Mussten Sie schon einmal eine Gruppenreise absagen, sodass die anderen ohne Sie gereist sind?
- Wie stehen Sie zu Blumen?
  - Freuen Sie sich über einen schönen Strauß Blumen?
  - Züchten Sie selbst welche? Im Garten oder in der Wohnung?
  - Haben Sie eine Lieblingsblume?
  - Welches besondere Erlebnis verbinden Sie mit einer Blume?

Mit dem Bus ins Hotel

Mallorca wird manchmal auch als 17. Bundesland bezeichnet, weil so viele Menschen aus Deutschland seit Jahren dort Urlaub machen. In den Hotels gibt es oft ein breites Programmangebot. Zu der Geschichte führen Sie gemeinsam mit Ihren Zuhörern die farbig hervorgehobenen Bewegungen aus.

In diesem Jahr hat sich Wilma bei der Urlaubsplanung durchgesetzt. Zum ersten Mal in ihrem Leben macht sie eine Flugreise. *(Arme nach rechts und links ausstrecken und den Oberkörper hin- und herbewegen)*
Das Reiseziel ist Mallorca. Ihr Mann Felix ist von dieser Idee nicht begeistert.
„Mallorca, das kann ich ja nicht mal richtig aussprechen", nörgelt er selbst im Bus vom Flughafen zum Hotel und schüttelt den Kopf. *(Kopf schütteln)*
„Ich verstehe die Sprache nicht und kann mit niemandem reden."
Wilma seufzt und ringt die Hände. *(Hände vor der Brust falten und schütteln)*
Das Gejammere kann sie nicht mehr hören. „Warte doch erst mal ab!"
„Wenn ich da an unseren letzten Urlaub im Spessart denke. Jeden Abend haben wir neue Leute kennengelernt. Der war doch toll", klagt Felix kopfschüttelnd weiter. *(Kopf schütteln)*
„Du meinst, du hast jeden Abend Männer zum Skat gefunden", bemerkt Wilma. „Ich habe danebengesessen und mich gelangweilt. Die Frauen haben sich nur für ihr Strickzeug interessiert." *(Hände zu Fäusten ballen und „stricken")*
Felix stöhnt. Er wischt sich über die Stirn. „Und warm ist das hier!" *(mit dem Handrücken über die Stirn wischen)*
„Jetzt reicht es aber! 35 Jahre bin ich, ohne zu meckern, dahin gefahren, wo du hin wolltest. Jetzt gönn mir auch meinen Urlaub." Wilma ist aufgebracht. Statt den blauen Himmel zu

genießen, muss sie mit ihrem Mann diskutieren.

„Guck, da ist das Meer!", lenkt sie vom Thema ab und zeigt aus dem Fenster. *(Arm mit geöffneter Handfläche nach vorn strecken)*
„Das sieht wirklich super aus", sagt Felix versöhnlich. „Und Urlaub in der Wärme ist auf jeden Fall besser als im Regen."
Wilma lehnt sich entspannt zurück. „Ich freue mich auf das Sonnenbad und den Malkurs, den ich für uns gebucht habe!"
„Ma-Malkurs?", stottert Felix und reist entgeistert die Augen auf.
„Ich dachte, wir machen etwas Kreatives", bestätigt Wilma seinen Verdacht.
Da mischt sich ein Mann, der vor ihnen sitzt, ein. „Entschuldigung, dass ich Sie anspreche. Wir treffen uns sicher sowieso im Malkurs. Spielen Sie zufällig Skat?"
Felix nickt nur. „Sie sprechen Deutsch?"
Der Mann lacht. „Die meisten hier sprechen Deutsch. Nur Skat spielen nicht viele, die meisten wollen tanzen." *(Arme nach oben und mit dem Oberkörper „tanzen")*
„Ich habe dir doch gesagt, dass du auch hier Leute kennenlernst. Tagsüber am Strand oder abends im Hotel."
„Oder im Bus zum Hotel", sagt Felix gut gelaunt. Jetzt ergreift auch ihn die Vorfreude auf den Urlaub.

Lassen Sie erzählen ...

- Waren Sie schon einmal auf Mallorca oder einer anderen spanischen Insel?
  - Wie hat es Ihnen gefallen?
  - Wo haben Sie dort gewohnt?
  - Mit wem sind Sie dorthin gereist?
  - Was haben Sie unternommen?

- Haben Sie in einer anderen Region Spaniens Urlaub gemacht?
  Wo waren Sie dort?
- Erinnern Sie sich an ein besonderes Erlebnis aus Ihrem Spanien-Urlaub?
  Erzählen Sie uns davon!
- Wo machen Sie heute am liebsten Urlaub? In Deutschland oder im Ausland?
  - Wonach wählen Sie das Reiseziel aus?
  - Wie lösen Sie das Problem, wenn Sie die Landessprache nicht beherrschen?

- Welche Hobbys oder Interessen pflegen Sie auch im Urlaub?
  - Spiele, wie Skat, Rommé, Doppelkopf ...?
  - Sportarten, wie Fußball, Tischtennis ...?
  - Kreative Beschäftigungen, wie Malen, Stricken ...?
  - Haben Sie im Urlaub sogar ein neues Hobby entdeckt? Welches?

Regionen in Deutschland

Fahrt mit dem Ruderboot

Der Bodensee ist immer eine Reise wert. Die Verbindung von Wasser und Bergen, Natur und Kultur bietet für jeden Geschmack etwas. Selbst sportliche Betätigung ist möglich. Bei den farbig hervorgehobenen Signalwörtern bewegen alle die angewinkelten Arme, wie beim Rudern, vor und zurück.

„Das ist ja eine Sauerei!“, schimpft Paul. Sein Freund Heinrich stimmt in das Gezeter ein. Die beiden stehen vor einem Absperrband. Es ist über den Weg gespannt, der am Bodensee vorbeiführt. Um ihren Spaziergang fortzusetzen, müssen sie einen großen Bogen machen.
„Ich mache hier Urlaub, um den See und das Alpenpanorama zu betrachten“, nörgelt Paul weiter. Er hebt den rechten Fuß und will über das Absperrband steigen.
„Halt!“, ruft ein Polizist, den Paul nicht gesehen hat.
„Hier ist der Zugang verboten!“, verkündet der Beamte.
„Warum denn?“, fragt Paul.
„Hier wird ein Film gedreht!“, antwortet der Polizist. Er sieht Paul und Heinrich mahnend an.
Doch Paul denkt nicht daran, jetzt schon aufzugeben. „Welcher Film ist das?“
„‚Die Fischerin vom Bodensee‘ mit Marianne Hold“, berichtet der Polizist.
Paul horcht auf. „Wer spielt sonst noch mit?“
„Ach, die Männer kenne ich nicht. Aber Isa und Jutta Günther sind dabei“, antwortet der Polizist.
„Die kenne ich“, mischt sich Heinrich ein.
„Die haben die doppelten Lottchen gespielt.“
Paul denkt nach. „Komm, Heinrich, wir gehen“, sagt er schließlich.

Paul zerrt Heinrich zu den Ruderbooten, die er am Steg gesehen hat. Er drückt dem Vermieter der Boote sein letztes Geld in die Hand und springt in das Boot.

„Spinnst du?“ Heinrich zögert, in das Boot zu steigen.

„Nun komm endlich, ich habe eine Idee!“, drängelt Paul.

Heinrich sitzt noch nicht, da fängt Paul schon an, zu **rudern**. Arme vor und zurück, vor und zurück. Mit kräftigen Schlägen bringt er das Boot weg vom Ufer.

Heinrich klammert sich an den Rand des Bootes. „Kannst du mir endlich sagen, was das soll?“

Statt einer Antwort steuert Paul das Boot wieder in Ufernähe und **rudert** kräftig. Arme vor und zurück, vor und zurück.

Jetzt versteht Heinrich, was Paul plant. Am Ufer sind Filmkameras zu sehen und da sind auch die Zwillinge.

Paul **rudert** näher heran. Arme vor und zurück, vor und zurück. Arme vor …

„Halt!“, schallt eine Stimme vom Ufer zu ihnen herüber. „Welcher Depp **rudert** denn da in die Aufnahme? Ich denke, es ist alles abgesperrt!“

Paul grinst und **rudert** gemächlich weiter. Arme vor und zurück.

„Weg da!“, brüllt ein Mann mit einer Schirmmütze vom Ufer.

Paul und Heinrich tun so, als ob sie ihn nicht hören könnten. Paul **rudert** einfach weiter. Arme vor und zurück. Heinrich behält die Szene am Ufer im Blick.

Der Mann mit der Schirmmütze ist der Polizist, der sie vom Weg verjagt hat. Jetzt wedelt er mit den Armen, als könnte er sie wie Vögel verscheuchen.

Paul **rudert** unermüdlich. Arme vor und zurück.

Er wendet das Boot und fährt noch näher am Ufer entlang.

Der Polizist zappelt wütend herum.

„Lassen Sie das!“, hören Paul und Heinrich eine andere Stimme. „Ein Ruderboot passt

doch prima in den Hintergrund des Films."
„He, Sie da", ruft der Mann Paul und Heinrich zu. „Können Sie noch ein wenig hier **herumrudern**, bis wir mit den Aufnahmen fertig sind?"
„Klar!", antwortet Paul laut.
Die beiden wechseln sich mit dem **Rudern** ab. Arme vor und zurück, vor und zurück.

„Ich habe Hunger", meint Heinrich.
Auch Paul knurrt der Magen. Aber die Dreharbeiten sind noch immer im Gang.
„Hätte ich bloß nicht diese blöde Idee gehabt", ärgert Paul sich, während er weiter **rudert.** Arme vor und zurück. Er hat inzwischen Blasen an den Händen und Heinrich jammert in einer Tour.
Es wird schon dunkel, als die Kameras endlich abgebaut werden.
„Danke!", ruft der Mann vom Ufer. „Wenn Sie Lust haben, kommen Sie doch zum Abendessen drüben in der Kneipe."

Sofort ist Paul wieder hellwach und auch Heinrich hat seinen Ärger vergessen. Sie werden die berühmten Schauspielerinnen treffen. Das glaubt ihnen zu Hause keiner. Dass Paul dafür Blasen an den Händen in Kauf nehmen musste, müssen sie ja nicht erzählen.

Lassen Sie erzählen ...

- Waren Sie einmal am Bodensee?
  - Welche Orte haben Sie besucht?
  - Woran erinnern Sie sich besonders?
  - Was hat Ihnen am Bodensee am besten gefallen?

- In der Nähe des Bodensees liegt der Schwarzwald. Haben Sie den Schwarzwald schon besucht?
  - Wo waren Sie dort?
  - Was verbinden Sie mit dem Schwarzwald?

- Sind Sie einmal gerudert oder mit einem Tretboot gefahren?
  - Wann war das?
  - Aus welchem Anlass?

- Waren Sie schon einmal bei Filmaufnahmen dabei?
  - Wo fanden die Dreharbeiten statt?
  - Welcher Film wurde gedreht?

- Haben Sie einmal einen Schauspieler oder andere Berühmtheiten getroffen? Wie war das? Bei welcher Gelegenheit fand das Treffen statt?

Skiurlaub mit Hindernissen

Ob in der Schweiz, in Österreich oder, wie in dieser Geschichte, in Bayern: Im Skiurlaub wird mit flottem Hüft- und Schulterschwung den Berg hinabgesaust. Bei den farbig hervorgehobenen Textstellen machen Sie gemeinsam mit Ihren Zuhörern folgende Bewegung: Die Arme halten die Skistöcke vor dem Oberkörper. Winkeln Sie die Beine leicht an. Machen Sie zeitgleich eine wedelnde Bewegung von links nach rechts mit Beinen und Armen, als ob Sie die Piste hinunterfahren.

„Wilfried, jetzt warte doch!", ruft Leonore ihrem Mann nach, der mit seinen Skiern auf der Schulter vorwegeilt. Sie trägt ebenfalls ihre Skier. „Wilfried!"

Wilfried schreitet unermüdlich weiter auf den Sessellift zu. Er genießt den Blick auf die Gipfel der Allgäuer Alpen.

Jetzt reiht er sich in die Schlange der wartenden Skifahrer ein. Er setzt die Skier ab und **bewegt Hüften und Schultern**, als stünde er auf Skiern. Immer mehr Menschen stellen sich hinter Wilfried an.

Als Leonore die Station erreicht, kann sie ihren Mann zuerst nicht erkennen. „Wilfried!", ruft sie und ihre Stimme überschlägt sich vor Aufregung fast.

„Da bist du ja endlich!", murrt nun Wilfried. „Ich warte schon ewig. Du wolltest doch Skiferien machen."

Leonore sinkt ein wenig in sich zusammen. Wilfried hat Recht. Ihre Freundinnen schwärmten immer von den Abfahrten im Schnee. Sie stellt schnaufend die Skier ab und **schwingt Hüften und Schultern** zum Aufwärmen.

„Immerhin war ich als Jugendliche die beste im Skiclub", verteidigt Leonore sich. „Das ist allerdings zig Jahre her."

Je näher Leonore mit Wilfried an den Lift rückt, umso mulmiger wird ihr zumute.

„Hach, ich freue mich richtig, mal wieder den Berg runterzudüsen", sagt Wilfried und bewegt dabei **Hüfte und Schultern im Skischwung**.

Leonore schaut ihren Mann an. „Ich wusste gar nicht, dass du so gerne Ski fährst."

„Da siehst du mal, auch nach so vielen Jahren weißt du nicht alles von mir", entgegnet Wilfried nur.

Leonore betrachtet die Menschen vor ihr in der Schlange. Sie haben die Ski bereits angeschnallt. Die Skistöcke haben sie rechts und links neben sich in den Schnee gesteckt. So bewegen sie die **Hüften und Schultern im Skischwung**.

„Und Sie?" Eine Frau in Bekleidung des Sesselliftbetreibers spricht Leonore an. „Wollen Sie mit den Skiern auf dem Arm mitfahren?"

Erschrocken sieht Leonore ihren Mann an.

Wilfried steht an der Seite, Skier und Stöcke in den Schnee gestützt, und wartet.

„Der Skilift sieht so wackelig aus. Was machen wir denn jetzt?", fragt Leonore.

Die Menschen hinter ihr drängeln bereits. Leonore geht an die Seite, um einige Leute vorzulassen.

„Traust du dich etwa nicht, mit dem Lift zu fahren?", fragt Wilfried. „Ich habe mich auf dich verlassen."

Leonore betrachtet den Sessellift. Die Menschen darin schweben über den Wipfeln der Bäume den Berg hinauf.

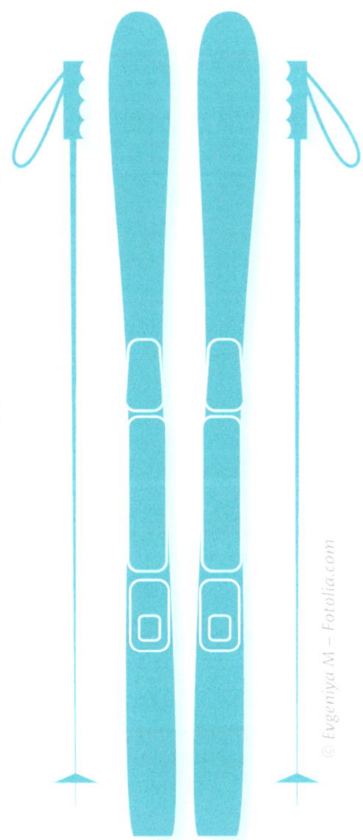

„Wir mussten früher unsere Skier immer selbst einen kleinen Berg rauftragen“, sagt Leonore leise. „Manchmal hat uns jemand mit dem Schlitten raufgebraucht. Und da waren auch nie so viele Leute.“

Wilfried nickt. „Aber du hast doch von dem Skiurlaub geträumt.“

Leonore seufzt. „Ja, aber im Traum war alles anders. Ein kleiner Hügel und keine anderen Menschen. So wie früher halt.“

Tränen laufen ihr die Wangen herunter. „Was machen wir nur?“

Leonore reibt sich die Tränen aus den Augen. So sieht sie nicht, dass Wilfried hinter ihrem Rücken zwei Jugendliche heranwinkt.

Sie staunt, als die beiden vor ihr ihre dicken Schneeschuhe aus einer Tasche holen. Auch für Wilfried haben sie dicke Schuhe dabei.

„Bringt die Skier und Schuhe zurück zum Verleih“, bittet Wilfried die beiden.

„Der Chef weiß Bescheid.“

Wilfried dreht sich zu Leonore um. „Wer sagt denn, dass man im Schnee nur Skifahren muss, ein Schneespaziergang tut es doch auch.“

Er führt Leonore ein kleines Stück weg.

Dort wartet ein Hundeschlitten.

Leonore traut ihren Augen nicht. „Du hast das alles geplant?“

Wilfried grinst. Er **schwingt Hüften und Schultern** wie beim Skischwung. „Ich war mir sicher, dass du am Berg kalte Füße kriegst. So gut kenne ich dich nach all den Jahren. Und ganz ehrlich, ich habe noch niemals auf Skiern gestanden.“

Leonore grinst. „Dein Skischwung hat aber täuschend echt ausgesehen.“ Sie **schwingt ebenfalls Hüfte und Schultern**.

Leonore steigt mit Wilfried in den Schlitten und genießt die rasche Fahrt durch den Winterwald und den Blick auf die verschneiten, bayerischen Berge.

Lassen Sie erzählen ...

- Was verbinden Sie mit Bayern?
  - Berge?
  - Schlösser?
  - Wälder?
  - Fußball?
  - ...

- Waren Sie schon einmal in Bayern im Urlaub? Was haben Sie dort gemacht?
  - Skifahren?
  - Sehenswürdigkeiten anschauen?
  - Bergwandern?
  - Museen besuchen?
  - ...

- Sind Sie schon einmal Ski gefahren? Wann und wo war das?
- Sind Sie jemals mit einem Schlitten durch den Schnee gefahren?
  - Wo war das?
  - Wer hat den Schlitten gezogen? Pferde? Hunde?

Wattwanderung

Begeben Sie sich mit Ihren Zuhörern auf eine gedankliche Wattwanderung an die Nordsee. Bei einer solchen Wanderung im nassen Sand sollte man in Bewegung bleiben, um nicht zu tief einzusacken. Zu der Geschichte führen Sie gemeinsam mit Ihren Zuhörern die farbig hervorgehobenen Bewegungen aus.

Ingeborg und Herbert warten am Treffpunkt auf den Beginn der lange geplanten Wattwanderung. Ingeborg stützt sich auf Nordic Walking-Stöcke, die Herbert am unteren Ende mit kleinen Tellern aus Plastik versehen hat. Damit sacken sie nicht so schnell im Watt ein.

„Ich habe dir doch gesagt, die Leute gucken komisch", sagt Ingeborg leise.

„Lass sie doch", antwortet Herbert ebenso leise.

„Sie haben aber interessante Nordic Walking-Stöcke", spricht eine dunkelhaarige Frau Ingeborg an.

„Nicht wahr", sagt Herbert zu der Dunkelhaarigen. „Das ist der neuste Schrei aus Amerika. Die Stöcke sind sehr vielseitig einsetzbar."

Die Dunkelhaarige betrachtet die Stöcke misstrauisch. „Ich gehe ja am liebsten barfuß und ohne Stöcke durchs Watt", bemerkt sie schließlich.

Das Gespräch wird durch die Ankunft des Wattführers beendet, der die Teilnehmer sofort mit auf den Weg durchs Watt nimmt.

„Passen Sie auf, wohin Sie treten", bittet der Wattführer. *(Füße abwechselnd anheben und aufsetzen)*

„Und bleiben Sie dicht hinter mir. Und heben Sie die Beine immer an. Wer hinter Ihnen geht, sollte die Fuß- oder Schuhspuren sehen und keine Gräben, weil Sie die Füße haben schleifen lassen."

Herbert und Ingeborg folgen den Anweisungen des Wattführers. Ingeborg ist froh über die Stöcke, die ihr auf dem matschigen Boden Halt geben.

Der Wattführer bleibt stehen. „Sehen Sie dort hinten den Turm? Da ist schon die nächste Insel."

Sofort zieht die dunkelhaarige Frau eine rote Kamera aus der Tasche. Sie fotografiert den Turm, obwohl man den wirklich nur schemenhaft erkennen kann.

Der Wattführer geht weiter und erklärt ihnen dabei die Besonderheiten des Wattenmeers. *(Füße abwechselnd anheben und aufsetzen)*

„Das war schon etwas Besonderes, als das Wattenmeer zum Weltnaturerbe ernannt wurde", sagt er stolz. „So etwas wie unser Wattenmeer gibt es eben nur einmal."

„Wir kommen auch immer wieder gerne hierher", sagt Ingeborg, ohne den Blick vom nassen Sand zu nehmen.

Der Wattführer bleibt wieder stehen.

„Da vorn, sehen Sie die Seehunde?"

(Hand über die Augenbrauen halten)

Dieses Mal zückt nicht nur die Dunkelhaarige ihre Kamera.

Der Wattführer will gerade weitergehen, da schreit die dunkelhaarige Frau auf: „Aua!"

Sie hebt ihren Fuß. Durch ihren Fußabdruck im Sand huscht eine Strandkrabbe.

„Die hat mich gezwickt!", kreischt die Dunkelhaarige aufgeregt.

Der Wattführer betrachtet den Fuß. „Das war wohl eher der Schreck, weil sie auf das Tierchen getreten sind", stellt er fest. „Ich denke, wir können weitergehen." *(Füße abwechselnd anheben und aufsetzen)*

Die Gruppe setzt sich erneut in Bewegung. Bevor auch Herbert losmarschiert, bückt er sich zu dem Teller an Ingeborgs rechtem Stock herunter. Er nimmt etwas von dem Teller und zwinkert seiner Frau zu.

Mit einem breiten Grinsen folgen die beiden den anderen. Der Wattführer zeigt im Gehen auf besonderes Strandgut und auch mal auf eine Qualle. Zu allem weiß er eine kleine Geschichte zu erzählen.

Der Wattführer bleibt stehen. „Schauen Sie, dort ist ein Schiff.“ *(Hand über die Augenbrauen halten)*
Herbert grinst, als er sieht, wie die Dunkelhaarige in ihre Tasche fasst, um ihre Kamera herauszuholen. Immer wieder durchwühlt sie ihre Tasche.
„Meine Kamera ist weg“, sagt sie schließlich. „Wir müssen zurück!“
„Wie stellen Sie sich das vor?“, meint der Wattführer. „Die Flut kommt gleich. Wir müssen raus aus dem Watt.“
Wilfried zögert kurz, um die Enttäuschung der Dunkelhaarigen auszukosten. Dann holt er die Kamera aus der Tasche.
„Suchen Sie das hier?“, fragt er. „Sagte ich nicht, dass die Stöcke meiner Frau sehr vielseitig sind?“

Lassen Sie erzählen …

- Sind Sie schon einmal an die Nordsee gereist?
  - Auf das Festland oder auf eine Insel?
  - An die deutsche oder niederländische Nordsee?
  - Erinnern Sie sich an den Namen des Nordsee-Ortes? *(Hooksiel, Greetsiel, Dornum, Norddeich …)*

- Wo haben Sie im Urlaub an der Nordsee gewohnt?
  - Auf dem Campingplatz im Zelt oder im Wohnwagen?
  - Im Hotel?
  - In einer Privatpension?
  - In einer Jugendherberge?

- Haben Sie einmal an einer Wattwanderung teilgenommen? Was haben Sie da erlebt?
- Wie haben Sie sich an der Nordsee beschäftigt?
  - Im Strandkorb gelegen und gefaulenzt?
  - Im Wasser geschwommen?
  - Sandburgen mit Ihren Enkelkindern gebaut?
  - Muscheln gesucht?
  - Ausflüge in die Umgebung gemacht?

Die Geburtstagsüberraschung

Der Spreewald ist für seine Spreewaldgurken bekannt. Zu den farbig hervorgehobenen Signalwörtern führen Sie gemeinsam mit Ihren Zuhörern folgende Bewegungen aus:

- **Gurke:** die angewinkelten Unterarme umeinanderkreisen
- **Spreewald:** die Arme über den Kopf strecken und hin und her bewegen

„Hoch soll er leben, hoch soll er leben, 3-mal hoch!" Eugen ist sich unsicher, wie er sich bei dem Geburtstagsständchen seines Gesangsvereins verhalten soll.
Die junge Bedienung des Stammlokals des Vereins bringt ein Tablett.
Eugen traut seinen Augen nicht. Auf dem Tablett befinden sich kleine **Gurken**.
„Die **Gurken** sind nur ein Symbol für das Geschenk, das wir dir machen", erklärt Chorleiter Alfred. „Die haben wir uns aus dem **Spreewald** schicken lassen. Als kleinen Vorgeschmack für die Reise, die wir dir schenken möchten."
Nun ist Eugen aber doch sprachlos. Verblüfft beißt er in eine **Gurke**.
„Und das Beste ist", erklärt Alfred, „wir fahren alle mit und machen unseren Vereinsausflug in den **Spreewald**."

Zwei Wochen später geht die Fahrt los. Alfred stimmt das erste Lied an, der Chor singt und so vergeht die Fahrt wie im Fluge.
Und da sind auch schon die **Spreewald**-Schilder zu sehen.
„Herzlich willkommen", begrüßt ihn eine junge Frau mit Kopftuch. „Sie haben eine Erlebnisführung in unserem Hof gebucht."
Alfred nickt zustimmend, Eugen ist verwundert. Er hatte sich eine Kahnfahrt durch den **Spreewald** vorgestellt. Erlebnisführung – das klingt fast wie ein Arbeitsaufenthalt.

Die junge Frau nimmt einen Stapel kleiner Eimer aus dem Regal. Sie hält Eugen, Alfred und den anderen Sängern einen Eimer hin. „Am Anfang unserer **Gurken** steht zwar die Aussaat, aber die lassen wir mal außer Acht und kommen gleich zur Ernte“, erklärt die Frau mit dem Kopftuch.

Eugen betrachtet misstrauisch den Eimer. „Jeder von Ihnen darf den Eimer mit **Gurken** füllen. Ich zeige Ihnen anschließend, wie die gewaschen und verarbeitet werden“, fährt die junge Frau fort.

Eugen sieht Alfred an. Alfred sieht den Sängerkameraden an, der alles organisiert hat. Der Kamerad stammelt: „Ich dachte, Erlebnisführung heißt, dass wir auf dem Wasser durch **Gurkenfelder** fahren. Das habe ich mal im Fernsehen gesehen.“

Die junge Frau lacht. „Da hätten Sie die Kahnfahrt buchen müssen. Die führt zwar nicht durch die Felder, aber doch an ihnen vorbei.“

Die Männer starren in die Eimer. Die Vorstellung, bei dem schönen Wetter **Gurken** zu ernten, behagt niemandem.

„So ein Mist!“ Alfred ärgert sich. „Das ganze Geschenk ist verpatzt.“

Eugen würde ihn gerne trösten, aber **Gurkenernte** bei der Hitze ist nicht angenehm.

Die junge Frau hat sich inzwischen per Telefon beraten. „Sie haben Glück“, sagt sie. „Eine Reisegruppe steht im Stau und kann nicht rechtzeitig zu ihrer gebuchten Fahrt hier sein. Sie könnten die Kahnfahrt durch den **Spreewald** übernehmen.“

Die Gesichter von Eugen, Alfred und den anderen Männern hellen sich auf. Bald sitzen sie auf einem Kahn und betrachten die Landschaft. Zwischendurch greifen sie in einen Eimer voller **Gurken** und beißen sie in der Mitte durch.

Lassen Sie erzählen …

- Waren Sie schon im Spreewald?
  - Wie war es dort?
  - Was hat Ihnen gut gefallen?
  - Haben Sie auch eine Kahnfahrt gemacht?

- Gibt es einen anderen Wald, den Sie gerne besucht haben und an den Sie sich gerne erinnern?
- Mit wem sind Sie meist zusammen verreist?
  - Mit einem Partner?
  - Mit der Familie?
  - Mit Freunden?
  - Mit einer Reisegesellschaft?
  - Mit einem Verein?
  - Mit Kollegen?

- Welche Erlebnisreisen oder Erlebnisführungen sind Ihnen besonders in Erinnerung geblieben?
- Was essen Sie besonders gerne? Haben Sie den Herkunftsort der Speise einmal besucht?